AF342887

LE PÈLERINAGE A ROME

SEPTEMBRE 1913

ASSOCIATION CATHOLIQVE DE LA JEVNESSE FRANÇAISE

LE PÈLERINAGE A ROME

SEPTEMBRE 1913

Au Siège de l'Association Catholique de la Jeunesse Française
14, Rue d'Assas, PARIS (VIᵉ)

Sa Sainteté le Pape Pie X

Felici, Phot.

Ai diletti figli della Gioventù francese, che obbedienti alle direttive pontificie si è consacrata all'azione religiosa donando a tutti l'esempio di una condotta degna dei veri seguaci di Nostro Signor Gesù Cristo, e attraendo col profumo delle loro virtù tanti alla imitazione, alle loro dilette famiglie e a tutte le loro opere, in segno di ammirazione e di gratitudine impartiamo di cuore l'Apostolica Benedizione —

Dal Vaticano lì 25 Settembre 1913.

PIUS PP. X

Adresse de l'A. C. J. F. présentée par Gerlier

au Saint=Père

ET

Réponse faite par S. E. le Cardinal Merry del Val

au nom du Saint=Père

ADRESSE DE L'A. C. J. F.

Très Saint-Père,

Au nom de l'Association Catholique de la Jeunesse Française, nous venons, avec un immense bonheur et une inexprimable émotion, déposer aux pieds de Votre Sainteté l'humble hommage de notre fidélité absolue, de notre dévouement sans réserves, et de notre filiale vénération.

A l'heure où le monde catholique commémore le glorieux triomphe du christianisme sur la barbarie païenne, il nous est particulièrement précieux de redire au Vicaire de Jésus-Christ, en même temps que notre attachement indéfectible à Sa personne, notre amour pour la Sainte Eglise, et notre volonté inébranlable de revendiquer toujours le respect de ses libertés et de ses droits imprescriptibles.

Parvenue à la vingt-huitième année de son existence, répandue aujourd'hui à travers la France entière, notre Association, Très Saint-Père, est restée toujours invariablement fidèle à la devise et au programme que Votre Sainteté a daigné consacrer en des documents qui demeurent la règle suprême de toute notre vie. Par la *piété*, par *l'étude* et par *l'action*, elle veut travailler inlassablement à rechristianiser sur notre terre de France les mœurs et les institutions sociales, sous la direction toujours joyeusement suivie de nos Evêques, dont la bénédiction paternelle veut encourager nos efforts, et accompagne aujourd'hui notre pèlerinage.

C'est à Notre-Seigneur Jésus-Christ Lui-même, présent dans la Sainte-Eucharistie, que, dociles au pressant appel de Votre Sainteté, nous allons demander avec confiance la force d'accomplir notre tâche et de réaliser notre idéal. D'un élan unanime, nous avons récemment institué la communion perpétuelle au sein de nos Unions. Pour les bienfaits immenses qu'a procurés à chacun de nous, et à l'Association tout entière, cet accroissement précieux de la vie Eucharistique, Saint-Père, du plus profond de nos cœurs, nous Vous remercions, avec une indicible reconnaissance.

Témoins douloureusement attristés des ravages de l'erreur, sous quelque nom qu'elle se dissimule, et des pernicieuses conséquences du libéralisme, c'est au successeur de Pierre que, dans l'entière docilité de nos intelligences et de nos cœurs, nous venons demander la vérité. Aujourd'hui comme hier, demain comme aujourd'hui, nous voulons, guidés par nos chers aumôniers, demeurer inébranlablement attachés à tout ce qu'Il enseigne, éloignés résolument de tout ce qu'Il n'approuve point comme de tout ce qu'Il condamne.

En même temps que, de tout notre cœur, nous travaillons à restaurer le sens chrétien dans les âmes, que nous secondons, dans toute la mesure de nos forces, le consolant réveil de la foi catholique provoqué par le zèle de nos pasteurs, nous avons le désir ardent de faire mieux pénétrer dans l'organisation de la Société la bienfaisante et nécessaire influence des principes chrétiens. C'est encore dans l'enseignement des Encycliques et dans les directions du Siège Apostolique que nous cherchons, Très Saint-Père, les règles qui doivent guider notre action sociale, qu'il s'agisse de sauvegarder la famille, de promouvoir les associations professionnelles et les institutions économiques, ou de garantir, par la protection efficace des droits de la propriété et de ceux du travail, cet harmonieux équilibre de la charité et de la justice que cherchent vainement dans les ténèbres ceux qui n'en demandent point le fondement à la doctrine traditionnelle de l'Eglise.

Ainsi, catholique intégralement parce qu'elle se soumet sans restriction à l'autorité de l'Eglise, catholique exclusivement parce qu'elle entend rester étrangère à toutes les discussions et à toutes les luttes de la politique de parti, notre Association poursuit avec confiance son long et patient effort d'organisation et de conquête, heureuse de songer que, par son labeur modeste au service de l'Eglise, elle prépare aussi des jours meilleurs pour notre Patrie bien-aimée, pour la France, Très Saint-Père, dont Vous avez daigné sanctifier le drapeau en l'embrassant, et qui, nous l'attestons ici solennellement, saura demeurer toujours la fille aînée de l'Eglise.

Très Saint-Père, nous sommes venus vers Vous, parce que Vous êtes le Chef, le Docteur et le Père.

Au Chef, nous jurons à nouveau fidélité.

Au Docteur, nous répétons joyeusement, dans l'enthousiasme de notre foi, notre adhésion sans réserves et notre docilité sans conditions.

Au Père, qui depuis dix ans nous a prodigué tant et de si précieux témoignages de bienveillance, et dont nous avons salué naguère avec une si vive allégresse l'heureux rétablissement, nous venons dire respectueusement que nous L'aimons de toute notre âme et que notre suprême ambition est de mériter toujours son affection et sa confiance.

Son Éminence le Cardinal Merry del Val   Felici Phot.

RÉPONSE FAITE PAR LE CARDINAL MERRY DEL VAL

Secrétairerie d'État
de Sa Sainteté.

Du Vatican, le 24 Septembre 1913.

Au Président et aux Membres du Comité Général
de l'Association Catholique de la Jeunesse Française.

MESSIEURS,

Notre Saint-Père le Pape Pie X, qui a daigné vous admettre en Son auguste présence, s'est complu à étendre sur vos rangs pressés sa main bénissante.

Il me confie le mandat très doux de vous dire la joie profonde qu'il a ressentie en contemplant si nombreux à ses pieds les membres de l'Association Catholique de la Jeunesse Française et en accueillant avec une paternelle bienveillance l'expression de vos hommages de filiale vénération, d'obéissance absolue et de dévouement sans réserve.

Déjà, il y a deux ans, lors du 25e anniversaire de la fondation de votre Association, Sa Sainteté décernait des encouragements et des éloges à votre admirable mouvement de Jeunesse Catholique française. Aujourd'hui, devant la fécondité de votre action et le chevaleresque entrain qui la distingue, le Souverain Pontife salue votre Association comme une grande espérance pour l'Eglise et pour votre Patrie. Il vous félicite de marcher intrépidement en avant, fidèles à votre programme qui est de travailler à la régénération de la Société chrétienne par la piété, par l'étude et par l'action.

Vos œuvres, faites dans la discipline et dans l'obéissance affectueuse aux évêques et aux aumôniers qui agissent en leur nom auprès de vous, seront à la fois des *réponses* et des *remèdes* : des réponses à l'erreur et à la passion antireligieuse, des remèdes au mal qui envahit de toutes parts.

Vous lutterez efficacement contre les sacrilèges entreprises qui tendent de plus en plus à substituer les droits de l'homme aux droits de Dieu, à violer notamment le droit sacré qui donne pour base à l'enseignement de tous les degrés les préceptes de la Religion.

Vous lutterez contre les décevantes utopies sociales et contre le souffle perfide du libéralisme qui insinue le mensonge sous mille formes variées.

La Sainte-Eucharistie met dans vos veines le sang divin du Christ ; vous ne pouviez choisir un moyen plus efficace pour vous maintenir à la hauteur de vos nobles ambitions. Par Elle vous serez des *apôtres* : des apôtres dans vos familles, dans vos paroisses, dans vos cercles d'étude, dans vos patronages, dans vos ateliers ; des apôtres dans vos Universités et vos collèges catholiques, dans toute la floraison de vos œuvres charitables.

Le Saint-Père sait combien sont nombreux parmi vous ceux qui exercent dans leur sphère un apostolat voisin du sacerdoce. Il félicite particulièrement ceux de vos membres qui, pour faire à Dieu et à l'Eglise un sacrifice plus complet d'eux-mêmes, prennent place dans les rangs du clergé, entrent dans les ordres religieux, ou s'enrôlent dans les phalanges de vos vaillants missionnaires.

Unis dans les efforts qui vous rassemblent sous les plis de l'étendard de la Croix, vous ne voulez avoir qu'un seul cœur et qu'une seule âme. Agissez dans une foi vigoureuse et éclatante, sans mêler à votre travail de restauration chrétienne des préoccupations étrangères à votre apostolat chrétien. Marchez avec courage sous votre auguste bannière, en poussant le cri unanime de vos ancêtres : « Dieu le veut ! Dieu le veut ! »

Comme gage de sa tendresse paternelle, le Saint-Père vous accorde à tous, présents et absents, la *Bénédiction Apostolique.*

Il vous bénit, vous et vos familles. Il bénit vos évêques, vos premiers chefs, et les aumôniers que les évêques chargent de vous conduire et de vous éclairer. Il bénit le Président de votre Association arrivé à la fin de son mandat et le nouveau Président élu par vos suffrages. Que l'un et l'autre soient assurés de la particulière bienveillance de Sa Sainteté.

Je suis heureux de saisir cette nouvelle occasion pour vous donner personnellement à vous, Messieurs, ainsi qu'à tous les Membres de l'Association de la Jeunesse Catholique Française, l'assurance de ma juste admiration et de mon entier dévouement en Notre-Seigneur.

R. Card. MERRY DEL VAL.

Lorsque notre Président avait soumis au Cardinal Merry del Val le texte de l'Adresse, l'Éminent Secrétaire d'État avait bien voulu lui répondre par une lettre dont nous reproduisons le début.

Secrétairerie d'État
    de *Sa Sainteté.*

Du Vatican, 13 septembre 1913.

Monsieur le Président,

Je m'empresse de vous assurer, en réponse à votre lettre du 8 courant, que rien ne s'oppose à la présentation de votre adresse au Saint-Père, telle que vous l'avez préparée. Le texte que vous avez eu l'attention de nous soumettre nous satisfait complètement.

A cette adresse qui exprime en termes si clairs et si vibrants les sentiments, les principes et les intentions de votre très florissante et très méritante association, le Souverain Pontife se propose de faire une réponse telle que vous la pouvez désirer, connaissant l'affection très grande dont Sa Sainteté est animée à votre égard.

Pierre GERLIER

reçoit

la Médaille " Bene merenti

Secrétairerie d'État
    de *Sa_Sainteté.*

Du Vatican, le 25 Septembre 1913.

MON RÉVÉREND PÈRE,

Il m'est très agréable de porter à votre connaissance que le Souverain Pontife, voulant donner au sympathique président de l'Association Catholique de la Jeunesse française une attestation de sa haute bienveillance pour le zèle déployé dans l'exercice de ses délicates fonctions et pour le succès du magnifique pèlerinage de l'Association, à l'occasion du Jubilé Constantinien, s'est plu à décerner à *Monsieur Pierre Gerlier* la médaille *Bene merenti.*

En vous chargeant, mon Révérend Père, de remettre à votre cher Président ce précieux témoignage de l'estime et de l'affection du Saint-Père, je vous prie

de lui offrir mes félicitations personnelles et de recevoir l'assurance de mes sentiments dévoués en Notre-Seigneur.

R. Card. MERRY DEL VAL.

Basilique Saint-Pierre. — La Confession de Saint-Pierre.

Bénédictions de l'Épiscopat

Au commencement de juin, notre Président général adressait à Nos Seigneurs les Evêques la lettre suivante :

Monseigneur,

L'Association Catholique de la Jeunesse Française organise pour le mois de septembre un pèlerinage à Rome. Fidèles à une tradition qui nous est très chère, nous voulons conduire, aussi nombreux que possible, nos camarades aux pieds du Souverain Pontife. Nous savons, en effet, que rien ne saurait mieux développer en eux les sentiments que le but essentiel de l'A. C. J. F. est de rendre toujours plus profonds en chacun de ses membres : l'amour ardent de la Sainte Eglise et de Son Chef, la soumission filiale et sans réserves à tous les enseignements et à toutes les directions du Siège apostolique.

Mais pour assurer à notre pèlerinage tous les fruits que nous en attendons, pour attirer sur la propagande que nous faisons auprès de nos camarades la bénédiction de Dieu, nous avons, Monseigneur, le besoin et l'ardent désir de sentir notre projet et nos efforts bénis et encouragés par nos Chefs.

Confiant en la bienveillance de Votre Grandeur, je viens donc Lui demander de daigner accorder à notre pèlerinage l'honneur de son patronage et le bienfait de sa bénédiction. J'ose espérer qu'Elle voudra bien nous donner ce nouveau témoignage de son paternel intérêt, qui sera pour tous nos camarades le plus précieux des encouragements.

Daigne Votre Grandeur agréer l'humble hommage de mes sentiments les plus respectueux.

Pierre GERLIER,
Président de l'A. C. J. F.

Nos Seigneurs les Evêques ont daigné répondre par des lettres qui nous sont infiniment précieuses. Nous les reproduisons ci-après in-extenso :

S. E. le Cardinal Luçon, archevêque de Reims :

« L'Association Catholique de la Jeunesse Française organise, me dites-vous, pour le mois de septembre, un pèlerinage à Rome. Le but de ce pèlerinage est de développer et de rendre toujours plus profonds dans les membres de l'Association les sentiments d'amour de la Sainte Église et de son Chef, de soumission filiale et sans réserve à tous les enseignements et à toutes les directions du Saint-Siège.

« De tout cœur, je prie Dieu de bénir votre pieux projet, en vous renouvelant l'assurance de mon entier dévouement à l'Association dont vous êtes le Président, et de mes vœux les plus ardents pour sa prospérité. »

S. E. le Cardinal Andrieu, archevêque de Bordeaux :

« L'Association Catholique de la Jeunesse Française a fait, à plusieurs reprises, le pèlerinage de Rome et elle s'en est fort bien trouvée. Que d'impressions fortifiantes on rapporte de la visite au Vicaire de Jésus-Christ et de la prière sur le tombeau des martyrs !

« J'applaudis de tout cœur à l'idée que vous avez eue de ramener votre jeune et vaillante phalange dans la ville éternelle. Elle verra de nouveau la douce et rayonnante figure de Pie X ; elle entendra les conseils si sages, si opportuns qui sortent de sa bouche auguste, elle recueillera les bénédictions précieuses que le ciel nous dispense par ses mains, et avant de prendre congé de ce Père bien-aimé, elle ne manquera pas de lui promettre de se montrer catholique comme il le désire et comme l'indique une devise qui vous est chère : Piété, Etude, Action. La piété enflamme, l'étude éclaire et l'action permet de communiquer aux autres les trésors d'amour et de lumière que l'on acquiert par la piété et par l'étude.

« Que l'ange de votre association vous accompagne durant votre pieux pèlerinage et vous ramène sains et saufs dans cette patrie française dont vous êtes, à l'heure actuelle, un des plus fermes et des plus consolants espoirs.

« Veuillez agréer, Monsieur le Président, avec mes meilleures bénédictions pour vous et pour les pèlerins qui vont partir à votre suite, l'assurance de mes sentiments respectueux et paternels en N. S. »

S. E. le Cardinal Amette, archevêque de Paris.

Ayant été rendre visite au Cardinal archevêque de Paris pour lui demander son haut patronage, notre aumônier général reçut directement de Son Eminence les témoignages de la plus précieuse sympathie. Le Cardinal Amette voulut bien lui dire combien il était heureux d'apprendre que l'Association irait cette année présenter au Souverain Pontife les hommages et les sentiments de filiale vénération de la Jeunesse Catholique de France.

S. E. le Cardinal Dubillard, archevêque de Chambéry, après avoir envoyé
par une carte sa bénédiction, a fait écrire par son secrétaire particulier :

« Son Eminence le Cardinal Dubillard, archevêque de Chambéry, est heureux de vous transmettre ses meilleures bénédictions pour l'œuvre que vous entreprenez. Tout dévoué au pèlerinage projeté, il le prend sous sa haute protection, et assure vos chers jeunes de ses humbles prières.

« Son Éminence vous prie d'agréer ses plus tendres bénédictions, pour vous, et pour ceux de nos jeunes gens dévoués qui feront le voyage de la Ville Éternelle. »

S. E. le Cardinal de Cabrières, évêque de Montpellier, a fait écrire par
M. le Chanoine Vernier :

« Son Éminence le Cardinal de Cabrières a trop d'affection paternelle pour l'A. C. J. F., pour ne pas applaudir à ses intelligentes et généreuses initiatives. Elle veut bien me charger de vous envoyer ses félicitations pour l'heureuse idée de mener aux pieds du Saint-Père la Jeunesse Catholique Française. Elle bénit de tout cœur les pèlerins et ceux qui les dirigent. »

S. E. le Cardinal Billot

A bien voulu faire savoir à Pierre Gerlier qu'Elle accordait volontiers son patronage.

S. G. Mgr. Bonnefoy, archevêque d'Aix :

« Vous organisez un pèlerinage de l'Association Catholique de la Jeunesse Française. Votre but est d'aller au nom de tous vos camarades déposer aux pieds du Pontife bien-aimé l'hommage de votre amour filial et de célébrer à Rome le glorieux souvenir de la Paix Constantinienne.

« Ce n'est pas sans quelque regret que je vous adresse mes vœux avec le vif désir de voir mes jeunes diocésains catholiques se joindre nombreux et dévoués à votre chère phalange, il me serait si doux de vous accompagner autrement que par le cœur et la prière.

« Allez, chers enfants, allez dire au Souverain Pontife ce que vous dites à la France catholique par le fait seul de votre association et de son bon esprit. Manifestez hautement votre ardente foi religieuse. Dites partout ce qui est dans votre cœur : catholiques avant tout, par dessus tout, en toutes choses, avec vos promesses, vos efforts et vos espérances. Enfants soumis de la sainte Église, soldats courageux de son auguste Chef, vous lui direz que votre politique est la sienne, et que, catholiques, vous n'en voulez pas d'autre : « Nostra Politica Crux est ». Vous serez toujours, en France, du parti de l'ordre. Cela va de soi. Mais vous demeurerez pénétrés de la grande et noble doctrine de Pie X dans sa première Encyclique : l'unique parti de l'ordre, c'est le parti de Dieu.

« Recevez, mon cher Président, pour vous et l'Association, l'assurance de mes sentiments bien dévoués en N. S. et Notre-Dame. »

S. G. Mgr. Mignot, archevêque d'Albi,

A transmis par l'aumônier diocésain de l'A. C. J. F. « sa pleine approbation et ses meilleurs vœux ».

S. G. Mgr. Ricard, archevêque d'Auch :

« Je ne puis qu'approuver et bénir votre prochain pèlerinage à Rome.

« Vous irez chercher là, avec vos camarades de l'Association catholique, la lumière qui montre la voie et la force qui y fait marcher généreusement, et j'ai confiance que l'Association y puisera une force nouvelle d'extension et de vitalité catholique.

« Je serai heureux si, comme je l'espère, quelques-uns des miens se joignent à vous.

« J'y serai moi-même par le cœur et la prière.

« Agréez, Monsieur le Président, l'expression de mes sentiments bien dévoués en N.S.»

S. G. Mgr. Latty, archevêque d'Avignon,

Se trouvant souffrant, a chargé M. le chanoine Clément, directeur diocésain des œuvres, de dire à notre président « qu'il bénit très volontiers le pèlerinage de l'A. C. J. F. à Rome ».

S. G. Mgr. Gaulhey, archevêque ae Besançon, a écrit à P. Gerlier une lettre personnelle pleine d'affection, qu'il terminait par ces mots :

« Assurément, je bénis et j'encourage le pèlerinage de la Jeunesse Française à Rome au mois de septembre : cependant je dois vous dire que nous avons annoncé, depuis plusieurs mois, un pèlerinage Franc-Comtois pour le mois d'octobre. Nous ne pourrons donc guère vous donner un concours effectif.

« Veuillez agréer, cher Monsieur, l'expression de mes sentiments respectueux et dévoués. »

S. G. Mgr. Dubois, archevêque ae Bourges, a fait écrire par M. l'abbé Boucher, directeur diocésain des œuvres :

« Mgr. l'Archevêque accorde très volontiers à votre pèlerinage de Rome le patronage que vous voulez bien lui demander.

« Sa Grandeur me charge de vous féliciter de la pensée qui a inspiré ce pèlerinage. Ce que la Jeunesse Catholique va chercher à Rome, n'est-ce pas pour sa piété, une règle indéfectible, pour son travail, une orientation autorisée, pour son action, une impulsion vigoureuse ?

« Le jubilé constantinien est une heureuse occasion d'entreprendre ce pèlerinage de foi. L'histoire témoigne éloquemment de la perpétuelle vitalité et de la force rajeunissante de l'Église catholique. Dans les souvenirs que ce jubilé évoque, les jeunes affermiront leur espoir d'un monde plus chrétien.

« Groupés nombreux autour du Souverain Pontife, ils donneront au Chef de l'Église la consolation de leur pleine et enthousiaste adhésion aux directions données sur la nécessité et le sens de l'action catholique.

« Ce pèlerinage sera donc pour l'A. C. J. F. l'occasion de se renouveler dans les sentiments qu'elle a toujours professés et ainsi de développer et d'étendre son influence.

« Tels sont les vœux que forme Sa Grandeur et qu'elle me prie de vous transmettre avec ses paternels encouragements et ses meilleures bénédictions. »

S. G. Mgr. Delamaire, archevêque de Cambrai :

« Vous savez de longue date toute l'affection que je porte à votre grande et belle Association Catholique de la Jeunesse Française et toutes les espérances que je fonde sur elle.

« C'est vous dire combien je me réjouis de la démarche que vous m'annoncez et qui, vous conduisant de nouveau aux pieds du Souverain Pontife, va accentuer de plus en plus vos sentiments de piété filiale à son égard et votre volonté ferme d'être les plus aimants et les plus dociles de ses fils.

« Tout l'avenir de cette Association est certainement dans son parti pris de fidélité à écouter le Souverain Pontife et ceux qui, pratiquement, le représentent près de chacune de vos fédérations : les Évêques.

« Vous serez d'ailleurs admirablement reçus à Rome, car nul n'ignore la prédilection du bon et saint Pie X pour vous tous. Les preuves qu'il vous en a données ne se comptent plus.

« Quant à notre part diocésaine à votre pèlerinage, elle sera, je l'espère, très enthousiaste et très large, étant donné l'attachement profond de toute notre jeunesse et du Clergé qui la conduit, au Saint Siège et à l'auguste personne de Pie X si glorieusement régnant.

« Agréez, cher Monsieur le Président, l'assurance de mon plus paternel et affectueux dévouement en N.-S. »

S. G. Mgr. Combes, archevêque de Carthage et d'Alger :

« Je vous remercie de votre communication et m'empresse de bénir votre pieux projet. Les jeunes gens qui auront la joie et l'insigne honneur de se prosterner aux pieds du Saint Père nous reviendront plus vaillants, et l'âme toute embaumée des parfums de la Ville Éternelle.

«Veuillez agréer, cher monsieur l'Abbé, l'assurance de mes meilleurs sentiments. »

S. G. Mgr. Sevin, archevêque de Lyon, a fait écrire par son secrétaire particulier :

« Monseigneur ne peut que bénir, et de tout cœur, votre pèlerinage de septembre à Rome. Rien n'est plus louable et digne d'admiration que le but essentiel que poursuit l'Association Catholique de la Jeunesse Française, dont vous êtes le très aimé Président : aimer d'un ardent amour la Sainte Eglise et son chef. Rien non plus ne saurait mieux favoriser la réalisation de ce noble idéal dans l'âme de la « Jeunesse Française » que d'aller chaque année aux pieds du Souverain Pontife recevoir ses conseils.

« C'est vous dire, Monsieur le Président, que Sa Grandeur Monseigneur l'Archevêque de Lyon vous suivra à Rome par la prière et avec les sentiments de la plus paternelle bienveillance. »)

S. G. Mgr. Dubourg, archevêque de Rennes, a fait écrire par M. le vicaire général Serrand :

« Vous avez bien voulu demander à Monseigneur l'Archevêque son patronage et sa bénédiction pour le pèlerinage de l'A. C. J. F. à Rome. Sa Grandeur me charge de vous dire qu'elle vous accorde l'un et l'autre de tout cœur. Elle me prie aussi de vous dire combien elle a été touchée des termes si élevés et d'inspiration si nettement catholique dans lesquels vous avez défini le but de votre pèlerinage. »

S. G. Mgr. Germain, archevêque de Toulouse :

« Je ne puis qu'encourager et bénir votre pieuse initiative. Vous savez combien j'aime notre Jeunesse Catholique, heureux témoin du bien qu'elle fait parmi nous. Vous avez raison d'affirmer de plus en plus sa fidélité à l'Église, son attachement au Souverain Pontife. En même temps que ce pèlerinage sera une vraie consolation au cœur de Pie X, il sera pour ceux qui en feront partie, et j'espère qu'ils seront nombreux, la meilleure joie de leurs vacances et un des plus doux souvenirs de leur vie.

« Agréez, je vous prie, l'assurance de nos sentiments les plus dévoués en N.-S. »

S. G. Mgr. du Vauroux, évêque d'Agen,

A fait écrire par son secrétaire particulier que « de tout cœur il bénit le projet de pèlerinage ».

S. G. Mgr. de Cormont, évêque d'Aire :

« Je vois avec plaisir que les jeunes gens de l'Association Catholique de la Jeunesse Française vont faire un pèlerinage à Rome. Ils y verront le Souverain Pontife, s'inspireront toujours de ses pensées et de ses désirs et auront ainsi au cœur l'amour de la sainte Église et un sentiment de filiale obéissance au Vicaire de Jésus-Christ.

« Que Notre Seigneur bénisse votre pieux pèlerinage et qu'il donne aux jeunes gens de l'Association Catholique de la Jeunesse Française une bénédiction qui rende leur apostolat fécond en résultats utiles à l'Église et à la France.

« Veuillez agréer, Monsieur le Président, mes sentiments d'affectueux dévouement en N.-S. »

S. G. Mgr. Dizien, évêque d'Amiens :

« Vous dites avec raison et très louablement que votre Association, pénétrée de soumission filiale au Pape et aux Évêques, ne veut que s'inspirer des directions du Saint-Siège et se mouvoir dans ce magnifique ordre chrétien qui forme l'une des beautés et l'une des puissances de l'Église.

« Je bénis donc de tout cœur le projet de pèlerinage à Rome que vous avez conçu.

« L'Association catholique de la Jeunesse Picarde appartient au grand groupement français. Je ne négligerai rien pour que les jeunes gens de mon diocèse — si bons et si généreux d'ailleurs — se joignent à leurs frères de Paris et de France pour accroître par leur nombre, sinon par les démonstrations de leur foi, la splendeur du pèlerinage de l'Association Catholique près de Sa Sainteté.

« Recevez, je vous prie, Monsieur le Président, avec ce témoignage de mon bon vouloir et de ma particulière bénédiction, l'assurance de mes sentiments en Notre-Seigneur. »

S. G. Mgr. Rumeau, évêque d'Angers :

« Je vous félicite du projet que vous avez de conduire à Rome un pèlerinage national de l'Association Catholique de la Jeunesse Française.

« Cette chère jeunesse, qui est notre meilleure espérance, consolera le cœur de Pie X, en lui montrant ce qu'il peut encore attendre de la France. Elle puisera en même temps dans ses sages et fermes directions, dans ses bénédictions augustes, dans ses tendresses de père, une foi plus courageuse et plus inébranlable, un amour de l'Église et de la Papauté plus ardent et plus invincible, un sens chrétien plus profond, un souffle d'apostolat plus puissant, un désir plus véhément de travailler par la parole et par l'exemple à étendre l'influence de la religion et par là même à régénérer le pays.

« Mon vœu est que l'Anjou soit dignement représenté dans ce pèlerinage ; c'est aussi mon espoir.

« Veuillez agréer, Monsieur le Président, l'hommage de mon affectueux respect. »

S. G. Mgr. Arlet, évêque d'Angoulême :

« Avec ses bénédictions, ses vœux. »

S. G. Mgr. Campistron, évêque d'Annecy :

« Je ne puis qu'approuver de tout mon cœur et bénir le projet que vous me communiquez d'appeler en pèlerinage à Rome nos jeunes gens de l'A. C. J. F.

« Ce sera une grande consolation pour le Saint-Père de voir autour de sa personne auguste cette jeunesse française qui lui est si dévouée.

« Pour nos jeunes, ce sera une récompense de leur fidélité et un encouragement pour leur persévérance dans la pratique et la défense de leur foi

« En vous souhaitant un plein succès, je vous prie, Monsieur le Président, d'agréer l'assurance de mes sentiments de reconnaissance et de respectueux dévouement. »

S. G. Mgr. Lobbedey, évêque d'Arras :

« Vœux ardents, paternelles bénédictions pèlerinage. »

S. G. Mgr. Villard, évêque d'Autun :

« Est heureux d'encourager et de bénir le projet du cher et dévoué Président de l'A. C. J. F. Rien ne saurait mieux qu'un pèlerinage à Rome développer dans l'âme des jeunes gens l'amour de la Sainte Église, la soumission filiale à tous les enseignements du Siège apostolique. Puisse le Diocèse d'Autun fournir au pèlerinage de nombreuses recrues et envoyer ainsi au Souverain Pontife le témoignage de son attachement et de sa fidélité. »

S. G Mgr. Lemonnier, évêque de Bayeux :

« Je suis très heureux de bénir votre pèlerinage à Rome. On n'en revient jamais sans être plus attaché à l'Église par la personne auguste du Saint-Père.

« Je souhaite que vous ayez de nombreux pèlerins parmi les membres de l'A. C. J. F.

« Vous voudrez bien faire une prière à mes intentions au tombeau des saints Apôtres, comme de tout mon cœur je prie pour l'heureux succès de votre pèlerinage.

« Avec ma paternelle bénédiction, agréez, Monsieur, l'expression de mes sentiments très attachés à l'A. C. J. F., et très dévoués à vos âmes. »

S. G. Mgr. Gieure, évêque de Bayonne,

« Approuve fort et bénit le projet de pèlerinage que forme l'A. C. J. F. Ce sera une nouvelle affirmation de sa fidélité à l'Église et au Saint Siège. »

S. G. Mgr. Douais, évêque de Beauvais,

A fait dire qu'il joignait son nom à ceux de ses collègues dans l'Épiscopat qui bénissent le pèlerinage.

S. G. Mgr. Manier, évêque de Belley :

« De cœur avec l'Association Catholique de la Jeunesse Française, je demande à Dieu de bénir le pèlerinage qu'elle organise pour Rome, à l'occasion du 16ᵉ Centenaire de la victoire et de l'édit de Constantin.

« Je souhaite vivement que nos Jeunes aillent en grand nombre raffermir au tombeau des saints Apôtres, sous la bénédiction du Souverain Pontife, leur amour ardent de l'Église et leur indéfectible dévouement au Saint Siège.

« Agréez, Monsieur l'abbé, mes sentiments cordialement dévoués. »

S. G. Mgr. Mélisson, évêque de Blois :

« A peine de retour de mes visites pastorales j'ai dû me livrer aux travaux préparatoires de notre Congrès diocésain qui vient d'obtenir un éclatant succès. Deux mille hommes accourus des divers points du diocèse ont répondu à mon appel. En affirmant leur union catholique ils ont pris la résolution de défendre leurs droits et de revendiquer les libertés religieuses mises en péril.

«Nous avons ainsi été largement récompensés de nos préoccupations et de nos fatigues.

« Mais ceci vous explique le retard que j'ai mis à vous dire, une fois de plus, tout l'intérêt que je porte à l'Association Catholique de la Jeunesse Française. Le pèlerinage à Rome qu'elle organise pour le mois de septembre sera un nouveau témoignage de son amour pour l'Église et de sa soumission entière à son auguste Chef, notre bien-aimé Pie X. Je souhaite très vivement le plein succès de ce pèlerinage et je bénis de grand cœur tous ceux qui auront la joie d'y prendre part.

« Veuillez agréer, cher Monsieur Gerlier, la nouvelle assurance de mes sentiments bien dévoués en N.-S. »

S. G. Mgr. Cézerac, évêque de Cahors :

« Je suis très heureux de vous voir prendre une fois de plus le chemin de Rome, avec vos chers camarades de l'A. C. J. F. Mes vœux et mes prières vous accompagnent aux pieds du Vicaire de Jésus Christ. Avec vos hommages vous lui apporterez la résolution d'une vie toujours plus catholique, plus filialement obéissante, et, partant, encore plus conquérante.

« Recevez, cher Monsieur Gerlier, mes vœux bien religieux et bien dévoués. »

S. G. Mgr. Charost, à cette date évêque de Miletopolis, auxiliaire de Cambrai :

« Des charges multiples et incessantes m'ont empêché de répondre plus tôt à votre aimable lettre.

« Je profite du premier jour de détente pour vous dire que mes sympathies les plus vives vont à votre projet, que mes vœux et ma bénédiction l'accompagnent.

« J'ai vu à Rome, en mars dernier, avec quelle aimante dévotion envers le Saint-Siège, vous veniez ouvrir les voies à ce pèlerinage de septembre, où notre vaillante et brillante Union du Nord sera largement représentée.

« Il accroîtra encore l'ardent et généreux attachement de la Jeunesse Catholique Française au Souverain Pontife et à ses directions salutaires. Et quand la main bénissante du Vicaire de Jésus-Christ se lèvera, elle attirera, sur vous et sur vos travaux, la bénédiction et les complaisances de Notre Seigneur lui-même.

« Veuillez agréer, cher Monsieur le Président, l'expression de mes très distingués et dévoués sentiments. »

S. G. Mgr. de Beauséjour, évêque de Carcassonne :

« Je sais l'esprit qui anime l'Association Catholique de la Jeunesse Française, aussi je bénis de grand cœur le projet qu'elle forme d'aller, en pèlerinage, saluer le saint Pontife qui gouverne aujourd'hui l'Église. J'encourage tous ses efforts, je salue toutes ses espérances et personne ne se réjouira plus que moi de tous ses succès.

« En parlant ainsi, je pense à la grande famille française, mais plus spécialement encore à ces jeunes gens de mon diocèse qui se groupent autour de votre drapeau et à qui je dois et j'envoie, avec mes meilleurs souhaits, mes toutes paternelles bénédictions.

« Veuillez en prendre pour vous-même une bonne part et recevoir l'expression de mes sentiments reconnaissants et dévoués en N.-S. »

S. G. Mgr. Tissier, évêque de Châlons,

« Bénit très volontiers le pèlerinage de la Jeunesse Catholique à Rome, en s'excusant de répondre si tard à votre demande, mais vous assurant à nouveau de toutes ses sympathies. »

S. G. Mgr. Bouquet, évêque de Chartres,

« Approuve et bénit de tout cœur le projet de pèlerinage de la Jeunesse Française qui lui est signalé. »

S. G. Mgr. Belmont, évêque de Clermont,

« Aime à encourager la Jeunesse Française à s'inspirer des exemples d'Ozanam, et bénit son projet de pèlerinage à Rome. »

S. G. Mgr. Guérard, évêque de Coutances,

A fait écrire par M. le chanoine Leridez que, étant en visite pastorale, il regrettait de ne pouvoir répondre lui-même et qu'il bénissait le pèlerinage et encourageait les efforts de l'A. C. J. F.

S. G. Mgr. Castellan, évêque de Digne :

« Mon cher Président et bien-aimé fils, à votre pèlerinage national à Rome mon diocèse sera-t-il représenté par quelque membre de notre vaillante Jeunesse ? Je ne sais. Je le souhaiterais vivement. En tout cas, il faut que ma bénédiction vous accompagne aux pieds du Souverain Pontife. Qu'elle témoigne de la joie que j'éprouve de vous voir étroitement groupés autour du siège de Pierre. Qu'elle dise au Chef de toute la Chrétienté la confiance et l'espoir que nous mettons en votre Association éminemment catholique et fidèle.

« Croyez-moi votre tout dévoué et affectionné. »

S. G. Mgr. Monestès, évêque de Dijon :

« Bien volontiers je bénis votre projet de pèlerinage à Rome, et je ne doute pas de la consolation qu'il apportera au cœur du Saint-Père.

« L'A. C. J. F. prouvera ainsi, une fois de plus, que son « but essentiel » est, comme vous le dites, « de rendre toujours plus profond en chacun de ses membres : l'amour ardent de la sainte Église et de son Chef, la soumission filiale et sans réserves à tous les enseignements et à toutes les directions du Siège Apostolique ».

« C'est la véritable voie où se doivent engager les jeunes catholiques contemporains. Ils marchent dès lors en toute sécurité, évitant bien des périls, heureux par la lumière de la vérité, le cœur fort de saines doctrines. Les engager en des chemins autres que ceux que montre Pie X serait stériliser leurs efforts en des organisations ne finissant jamais, des compromis inexplicables, un concessionnisme qui nous dissout. Ce n'est point, Dieu merci, votre orientation.

Vous n'élaborez pas un programme. Vous vivez et agissez.

« La vue et la bénédiction du Pape, rayonnant de douceur évangélique et d'intransigeance apostolique, seront, pour tous vos amis, à la fois une grâce et un encouragement à demeurer tels qu'ils sont. Je forme les meilleurs souhaits pour la pleine réussite de votre très louable dessein.

« Recevez, Monsieur le Président, l'assurance de mes sentiments les plus sincèrement dévoués. »

S. G. Mgr. Déchelette, évêque d'Évreux :

« Comment l'évêque d'Évreux pourrait-il ne pas encourager et bénir le projet de conduire à Rome vos camarades aux pieds du Souverain Pontife. Rien ne saurait mieux stimuler en chacun des membres de l'A. C. J. F. l'amour ardent de la Sainte Église et l'obéissance' aux enseignements et aux directions du Siège Apostolique.

« De tout cœur l'évêque d'Évreux bénit donc votre projet et fait les meilleurs souhaits pour son succès.»

S. G. Mgr. Guillibert, 'évêque de Fréjus :

« J'applaudis de toute mon âme à votre projet d'aller en septembre, avec une forte délégation des membres de l'Association Catholique de la Jeunesse Française, déposer aux pieds du glorieux Pie X l'hommage de votre vénération et de l'inviolable fidélité de vos innombrables groupes aux enseignements et aux directions du Siège Apostolique.

« Puisse cette manifestation des fils sincères de la cause chrétienne, qui s'appliquent à la défendre et à la propager pour elle et pour le triomphe de son chef auguste Jésus-Christ ; — tactique traditionnelle qui seule peut ramener la paix et l'union dans notre pays divisé, — puisse, dis-je, cette manifestation achever de démontrer à tous combien vaine, téméraire et fatale serait toute autre prétention qui ne redoublerait ses hommages à la Papauté que pour asservir l'Église à des partis humains, en la compromettant tout d'abord dans la confusion de malsaines équivoques, qui n'ont que trop duré. L'Association Catholique de la Jeunesse Française ne connaît pas, elle, l'orthodoxie bruyante du dehors, jointe à des doctrines ésotériques blâmables. Elle n'a qu'un enseignement, qu'une foi et qu'un drapeau : l'Évangile et la Croix. Elle n'a qu'une règle : l'union en tout à la sacrée hiérarchie ; qu'un amour : l'amour de Jésus-Christ. C'est ce que vous irez solennellement redire à son Vicaire, car à ses pieds et auprès de son cœur, c'est Jésus-Christ que vous retrouverez.

« Mes bénédictions et mes vœux vous accompagneront à Rome, Monsieur le Président, j'aime à vous en donner l'affectueuse assurance. »

S. G. Mgr. Berthet, évêque de Gap :

« Je bénis de grand cœur votre pèlerinage à Rome et je m'y associe, espérant que la Jeunesse Catholique en retirera de vrais fruits de vie surnaturelle et de dévouement à la Sainte Église et au Saint-Siège.

« Je le fais annoncer dans notre bulletin religieux et je serais heureux que quelques-uns de nos chers jeunes gens y prissent part.

« Agréez, Monsieur le Président, l'assurance de mes sentiments bien dévoués. »

S. G. Mgr. Maurin, évêque de Grenoble,

« Encourage et bénit de grand cœur le projet de pèlerinage de l'A. C. J. F. à Rome. Il est bon d'aller se retremper à la source ; on en revient avec plus de lumière et de nouvelles forces. »

S. G. Mgr. de Durfort, évêque de Langres,

« J'ai gardé trop bon souvenir du pèlerinage que je fis il y a quelques années à Rome avec l'A. C. J. F. pour ne pas encourager celui que vous organisez en ce moment.

« Je sais trop bien le grand bénéfice que votre chère association et ses membres peuvent tirer de cette manifestation qui doit vous procurer conseils et bénédictions du Pape pour ne pas applaudir à votre initiative.

« Je n'aurai qu'un regret, celui de ne pouvoir vous accompagner, car ce me serait une joie vive et, je le sais, une édification réelle !

« Mon diocèse en voie d'organisation n'a encore guère de ses groupes de jeunesse affiliés à l'Association que vous présidez avec tant d'éclat et de dévouement. Cela viendra ! Je me réjouirais d'apprendre que quelques-uns de mes diocésains sont inscrits parmi vos pèlerins.

« Croyez donc, cher Président, à toute ma sympathie pour vous, pour votre groupement catholique et croyez que mes bénédictions sont assurées à l'un et à l'autre.

« Votre tout dévoué in Xᵒ. »

S. G. Mgr. Eyssautier, évêque de La Rochelle,

« Heureux d'apprendre que vous préparez un pèlerinage à Rome de l'Association Catholique de la Jeunesse Française, pour renouveler dans l'âme de tous les associés l'esprit de foi, de soumission et d'apostolat, se fait un honneur d'accepter le patronage et de donner la bénédiction, que vous voulez bien lui demander, et vous renouvelle l'expression de son attachement à l'œuvre, en même temps que de son affectueuse et toute personnelle estime. »

S. G. Mgr. Grellier, évêque de Laval :

« L'évêque de Laval remercie M. le Président de l'A. C. J. F. de l'expression des sentiments si chrétiens et si dévoués qu'il lui adresse à l'occasion du pèlerinage prochain de la Jeunesse Catholique à Rome. Il priera bien volontiers pour le succès du projet et souhaitesurtout que la grande joie et la grande édification du voyage, l'audience du Souverain Pontife, soit assurée aux pèlerins. »

S. G. Mgr. de la Porte, évêque du Mans :

« J'espère qu'une délégation de la Jeunesse Catholique du Mans pourra se joindre au pèlerinage que vous projetez de faire à Rome au mois de septembre prochain. C'est de grand cœur que nous bénissons cette nouvelle preuve de fidélité envers le Saint-Siège et de docilité à suivre tous les enseignements et toutes les directions du Souverain Pontife. Veuillez croire à mon bien affectueux dévouement en N.-S. »

S. G. Mgr. Catteau, évêque de Luçon,

« Bénit de tout cœur et encourage de tout son pouvoir le projet dont Monsieur Gerlier veut bien l'entretenir.

« Il est heureux d'applaudir à la pensée éminemment catholique qui préside à l'organisation du pèlerinage à Rome, et il se réjouit dès maintenant de ce que les bénédictions et les encouragements du Souverain Pontife apporteront à l'*Association* un nouveau gage de prospérité croissante, en même temps qu'à son cher Président, au terme d'une charge qu'il a si heureusement remplie, la récompense, méritée autant que précieuse, de son dévouement à la Sainte Église. »

S. G. Mgr. Fabre, évêque de Marseille :

« L'évêque de Marseille gardant précieusement le souvenir de la splendide réunion du 26 janvier, dans laquelle il lui était donné d'applaudir votre éloquente parole, approuve le projet que vous avez formé de conduire la Jeunesse Française à Rome, et de tout cœur le bénit. »

S. G. Mgr. Marbeau, évêque de Meaux :

« C'est de tout cœur que j'applaudis à la noble initiative du pèlerinage national de la Jeunesse Catholique à Rome. Et je serai fort heureux de voir notre Jeunesse Catholique Seine-et-Marnaise s'y joindre par un bon nombre de délégués, pendant que les autres s'y uniront de pensée en se rendant à l'ouverture du 2e Congrès diocésain qui se tiendra à Melun du 21 au 24 septembre.

« Je félicite et bénis tous ceux qui auront le bonheur de pouvoir se rendre au centre et au foyer de la Catholicité, auprès de Notre Saint Père le Pape, dont les encouragements seront si précieux à tous ces jeunes hommes de l'avenir.

« Ils rapporteront de ce pieux pèlerinage une lumière et une ardeur capables de rayonner sur leur vie tout entière, et qui se traduiront par un progrès de l'action salutaire et féconde qu'ils doivent exercer au milieu de leurs camarades, dans leurs familles et dans les œuvres. Ils s'y consacreront avec un nouveau zèle et un infatigable dévouement pour l'édification des âmes, par l'entraînement de l'exemple.

« Puissent-ils puiser à Rome, dans le souvenir, les conseils et la bénédiction du Souverain Pontife, le gage d'une force toujours plus vaillante pour assurer le triomphe de la Sainte Église et la gloire de Dieu ici-bas.

« Croyez, cher Monsieur le Président, à mes sentiments bien affectueusement et et religieusement dévoués en Notre Seigneur. »

S. G. Mgr. Gély, évêque de Mende :

« J'approuve et bénis de tout cœur le pèlerinage de la Jeunesse Catholique à Rome. Cette manifestation religieuse ne pourra qu'accroître son amour pour l'Église et son affection filiale pour le Souverain Pontife. »

S. G. Mgr. David, évêque de Sébaste, auxiliaire de Montpellier :

A fait transmettre par le secrétaire général de l'évêché « sa haute approbation, sa paternelle bénédiction et ses meilleurs vœux. »

S. G. Mgr. Penon, évêque de Moulins :

« Je suis très heureux d'apprendre que l'Association Catholique de la Jeunesse Française organise pour le mois de septembre un pèlerinage à Rome, et non seulement je donne de tout cœur à ce pieux projet ma bénédiction, mais je le recommande dès aujourd'hui à la Jeunesse Catholique de mon diocèse, et spécialement à tous les groupes de l'Association de la Jeunesse Catholique Bourbonnaise, formés d'après l'organisation et l'esprit général de votre Association, dirigés avec un très grand zèle par M. le Chanoine de La Celle, vicaire général, Directeur des œuvres diocésaines.

« Cette recommandation sera renouvelée par l'organe diocésain, Semaine religieuse de Moulins, et directement par moi-même, pendant les deux retraites pastorales qui vont avoir lieu du 21 juillet au 2 août.

« Veuillez agréer, Monsieur le Président, avec mes souhaits pour le brillant succès que votre œuvre mérite à tant de titres, l'expression de mes sentiments respectueux et dévoués. »

S. G. Mgr. Rouard, évêque de Nantes, a fait écrire par M. le vicaire général de la Barbée :

« Monseigneur l'évêque de Nantes ne peut que bénir le projet de pèlerinage de la Jeunesse Catholique à Rome.

« Les encouragements et les instructions du Saint-Père, accompagnés de sa paternelle bénédiction, donneront certainement aux membres de votre grande et belle Association un élan nouveau pour le bien, et Sa Grandeur s'en réjouit avec vous. »

S. G. Mgr. Chatelus, évêque de Nevers :

« L'évêque de Nevers appelle de tout cœur les bénédictions du ciel sur le pèlerinage à Rome de l'A. C. J. F.

« Que la chère Jeunesse revienne de ce pieux voyage plus catholique, plus vaillante encore et plus généreuse à réaliser les belles espérances de sanctification personnelle et d'apostolat que nous fondons sur elle.

« Hommages de respect et de sympathie au si dévoué Président. »

S. G. Mgr. Béguinot, évêque de Nîmes :

« Rien ne me semble plus avantageux à la formation religieuse de nos jeunes gens, que de leur inculquer un très vif dévouement envers N. S. P. le Pape.

« Dans ces temps difficiles, tandis que les jeunes intelligences sont sollicitées en des sens si divers, il est nécessaire de fixer leurs regards vers celui qui est le maître de la doctrine et sur les lèvres duquel ils trouveront toujours les paroles de vérité. Je bénis les pieux pèlerins qui s'achemineront vers Rome et je leur promets d'avance la joie très émouvante de voir le Pape et d'être bénis par ce père très vénéré.

« Veuillez, cher Monsieur, agréer l'assurance de mes sentiments bien respectueusement dévoués. »

S. G. Mgr. Touchet, évêque d'Orléans :

« Mille souhaits très cordiaux. Bénédictions. »

S. G. Mgr. Izart, évêque de Pamiers, a fait écrire par M. le vicaire général Castel :

« Monseigneur, à qui la tournée pastorale ne laisse pas en ce moment une minute de loisir, me charge de vous répondre qu'il applaudit à votre projet d'aller déposer aux pieds du Souverain Pontife l'hommage de respectueux attachement de l'Association que vous avez dirigée pendant quelques années avec une distinction qui n'a d'égal que votre dévouement. Il suit avec le plus vif intérêt le développement d'une Association qui répond si bien aux désirs du Saint-Père en se plaçant exclusivement sur le terrain catholique. Le Pape n'en connaît pas d'autre ; vous non plus ; c'est pour cela qu'il vous aime tant.

« L'Ariège sera-t-elle représentée dans votre pèlerinage ? Nous sommes pauvres et malgré toutes les réductions de prix, c'est toujours un peu cher. Nous espérons pourtant pouvoir déléguer notre cher président diocésain Guyot. »

S. G. Mgr. Bougouin, évêque de Périgueux,

« Transmet volontiers à Monsieur Gerlier, avec ses sympathies pour lui, la bénédiction demandée à l'occasion du voyage de Rome.

« Que nos jeunes gens en reviennent, non seulement tous de cœur avec le Pape, mais pensant tous comme lui, jusque dans les nuances des directions doctrinales. »

S. G. Mgr. de Carsalade, évêque de Perpignan :

« Je suis trop profondément attaché à l'Association de la J. C. F. pour ne pas m'unir de loin, comme je le fais de près toutes les fois que cela m'est possible, aux manifestations de sa vie corporative.

« Cette fois c'est à Rome que vous conduisez vos troupes. Je voudrais bien être en cette circonstance votre aumônier militaire. Hélas ! un si beau titre est au-dessus des devoirs de ma charge. Je ne puis que bénir vos vaillants soldats et les suivre par la pensée aux pieds du Souverain Pontife. C'est ce que je fais avec tout mon cœur, avec toute mon âme.

« Daignez agréer, cher Monsieur le Président, l'hommage de mes sentiments affectueusement dévoués en Notre Seigneur. »

S. G. Mgr. Humbrecht, évêque de Poitiers :

« Monseigneur donne à ce projet toutes ses bénédictions et souhaite que beaucoup de ses jeunes diocésains prennent part à sa réalisation. Aux pieds du Souverain Pontife et près du tombeau des Apôtres, mieux que partout ailleurs, ils sentiront que Dieu les assiste, que l'Église a besoin de leur dévouement, qu'ils doivent de plus en plus être des chrétiens exemplaires et de vaillants ouvriers de l'Évangile. » (Extrait de la *Semaine Religieuse*).

S. G. Mgr. Duparc, évêque de Quimper :

« Je bénis de tout cœur le pèlerinage à Rome de l'Association Catholique de la Jeunesse Française. Je souhaite que quelques membres de nos groupes diocésains puissent se joindre à leurs frères de toute la France, bien sûr qu'ils reviendront de Rome plus dévoués que jamais à l'Église et aux œuvres. »

S. G. Mgr. de Ligonnès, évêque de Rodez :

« Je m'empresse de vous remercier de votre bonne lettre.

« De toute mon âme, je m'unirai à vos pèlerins de Rome par la prière et par la plus vive sympathie.

« Je demande au bon Dieu de bénir votre pèlerinage et votre œuvre toute entière.

« De jour en jour nous constatons d'une manière plus complète l'immense bien que fait l'A. C. J. F. dans le diocèse de Rodez et dans la France toute entière. L'admirable esprit qui anime cette société ne peut que recevoir un nouvel élan à la suite de la visite que vous ferez au Saint-Père.

« Permettez-moi, cher Monsieur le Président, de me recommander à vos prières et veuillez agréer la nouvelle expression de mon tout humble dévouement en N.-S. »

S. G. Mgr. Morelle, évêque de Saint-Brieuc :

« C'est une heureuse inspiration que celle de ce pèlerinage de l'Association de la Jeunesse Catholique Française à Rome, au mois de septembre. Au tombeau des apôtres, nos jeunes gens puiseront un amour plus grand de l'Église et une générosité plus ardente encore à son service ; aux pieds et, pour ainsi dire, sur le cœur de Pie X, ils sentiront, comme saint Jean sur le cœur de Notre-Seigneur, leur zèle s'enflammer et, forts des directions qu'ils auront reçues, ils se livreront avec une ardeur renouvelée au fécond apostolat qu'ils exercent autour d'eux. Je vous remercie de la faveur que vous me faites, en me demandant mon patronage pour ce pèlerinage. Je le lui accorde bien volontiers avec ma meilleure bénédiction et j'ose lui demander une prière pour l'évêque de Saint-Brieuc, au tombeau des apôtres.

« Agréez, Monsieur le Président, l'expression bien sympathique de mes sentiments les plus dévoués en Notre-Seigneur. »

S. G. Mgr. Foucault, évêque de Saint-Dié :

« Outre la sympathie que m'inspire la belle Association de la Jeunesse Catholique, j'ai pour son dévoué Président une si affectueuse estime que je m'empresse de répondre à sa demande, en adressant aux futurs pèlerins de Rome ma plus cordiale bénédiction.

« Puisse notre vaillante Jeunesse Catholique en revenir plus vaillante encore et plus dévouée à la cause sacrée du Pape et de l'Église !

« C'est le vœu que je forme en vous priant d'agréer pour vous, mon cher Président, et pour tous vos camarades, l'assurance de mon entier dévouement en N.-S. »

S. G. Mgr. Lecœur, évêque de Saint-Flour :

« Je prie Dieu de bénir les heureux pèlerins de l'Association Catholique de la Jeunesse Française qui auront le bonheur de se réunir aux pieds du Souverain Pontife pendant le mois de septembre.

« Fils dévoués du Pape ils recueilleront ses paroles paternelles, lumineuses, décisives ; ils s'inclineront sous sa bénédiction auguste, et ils reviendront en France plus Français et plus catholiques que jamais.

« Je ferai en sorte que nos chers jeunes gens de la Haute-Auvergne soient représentés dans ce pèlerinage où leur foi et leur piété filiale les entraîneraient tous s'ils n'écoutaient que leur cœur.

« Je devine avec quelles tendresses le Saint-Père bénira surtout le cher Président qui déposera à ses pieds, non pas les armes certes, mais le glorieux fardeau de la Présidence.

« Veuillez, cher Monsieur le Président, recevoir avec mes félicitations pour votre beau projet, mes sentiments affectueux et dévoués en N.-S. »

S. G. Mgr. Bardel, évêque de Séez :

« Mon affection pour votre belle Association et ma filiale vénération pour le Souverain Pontife me font un devoir de vous répondre que je suis heureux de patroner votre pèlerinage à Rome et de le bénir de tout mon cœur.

« Il m'est agréable, Monsieur le Président, de vous renouveler l'assurance de mes
sentiments de respectueux dévouement et de sincère attachement. »

S. G. Mgr. Péchenard, évêque de Soissons :

« Déjà l'Association des groupes de l'Aisne m'avait fait part de votre futur pèlerinage
à Rome, et je m'étais empressé de lui accorder tous les encouragements et les témoignages de bonne volonté en mon pouvoir.

« Mais puisque vous voulez bien prendre vous-même la peine de m'en informer, je
suis heureux de vous redire ce que j'ai dit à la Jeunesse de mon diocèse, de bénir votre
démarche aux pieds du Souverain Pontife, et de vous renouveler mes sentiments
d'estime et de profond attachement pour l'Association de la Jeunesse Française et pour
votre personne en particulier.

« Bien vôtre de cœur en N.-S. »

S. G. Mgr. Schaepfer, évêque de Tarbes :

« Je bénis de tout cœur, et j'ose dire au nom de N.-D. de Lourdes, votre projet de
conduire en pèlerinage à Rome vos confrères de l'Association Catholique de la Jeunesse
Française.

« La piété filiale envers le Vicaire de Jésus-Christ, l'absolue et confiante soumission
à ses enseignements et à ses directions, ç'a été dès son origine la caractéristique de cette
œuvre, si belle et si sympathique. Plus elle s'attachera au Pape plus elle pourra compter
sur la protection de Dieu.

« C'est vous dire qu'il me sera très agréable de voir les groupes de mon diocèse
représentés dans le bataillon sacré qui aura l'honneur de présenter les armes à Pie X,
c'est-à-dire de montrer au Pape que, dignes fils de leurs évêques, les jeunes catholiques
de France sont résolus à croire, à aimer, à travailler, à lutter et, s'il le faut, à souffrir
avec le Pasteur suprême de l'Église.

« Après avoir été à Rome nos jeunes gens ne viendront-ils pas un jour à Lourdes ?

« Veuillez recevoir, cher Monsieur le Président, l'assurance de la paternelle sympathie avec laquelle je vous bénis, vous et vos chers compagnons, au nom de N.-D. de
Lourdes. »

S. G. Mgr. Biolley, évêque de Tarentaise :

« Je serai avec vous et avec vos heureux compagnons pendant votre pèlerinage à
Rome.

« Je vous félicite de votre zèle et de votre amour pour la Sainte Église et son auguste
chef. Je prie Dieu de vous bénir comme je vous bénis, et je fais les vœux les plus
ardents pour le succès de votre pèlerinage. »

S. G. Mgr. Métreau, à cette date administrateur apostolique du diocèse de Tours :

« Je vous bénis et je bénis votre projet. Qu'ils soient nombreux ceux qui vous
accompagneront à Rome. Là est la vraie lumière, celle qui donne la paix aux hommes
de bonne volonté, dont vous êtes.

« Bien affectueusement dévoué en N.-S. »

S. G. Mgr. Monnier, évêque de Troyes,

« Avec ses meilleures bénédictions et ses religieux encouragements. »

S. G. Mgr. Nègre, à cette date évêque de Tulle :

« L'évêque de Tulle prie Notre-Seigneur de bénir le cher pèlerinage de la Jeunesse Française à Rome et ses vaillants directeurs. Il demande aux jeunes pèlerins un bon souvenir sur le tombeau des apôtres. »

S. G. Mgr. de Gibergues, *évêque de Valence,* a fait écrire par son secrétaire particulier :

« Monseigneur de Gibergues me charge de vous exprimer ses meilleures félicitations pour l'initiative que vous avez prise de conduire aux pieds du Souverain Pontife un très grand nombre de vos camarades de l'A. C. J. F. Sa Grandeur vous assure de sa plus chaude bénédiction pour le plein succès de votre projet. Annonce spéciale en sera faite dans notre « Semaine religieuse » et nous encouragerons ceux de nos jeunes catholiques qui le pourront à se joindre à vous en septembre. »

S. G. Mgr. Gouraud, évêque de Vannes,

A chargé M. le vicaire général Le Senne de faire savoir qu'il « donne très volontiers le patronage et la bénédiction » sollicités.

S. G. Mgr. Gibier, *évêque de Versailles,* a fait écrire par M. le vicaire général Lebaut :

« Monseigneur l'évêque de Versailles, actuellement en tournée de Confirmation dans son diocèse, me charge de répondre à votre lettre du 12 courant.

« Sa Grandeur encourage et bénit de tout cœur le pèlerinage à Rome qu'organise pour le mois de septembre prochain l'admirable Association Catholique de la Jeunesse Française. Elle souhaite particulièrement que de nombreux membres de l'Association répondent à votre pieux appel.

« Là, aux pieds du Souverain Pontife, tous puiseront cet ardent amour de l'Église qu'ils sauront traduire dans leur vie et dans leurs œuvres par une soumission toujours plus filiale aux enseignements et aux directions du Saint-Siège, par une piété exemplaire et un esprit apostolique plus actif et plus généreux encore. »

S. G. Mgr. Bonnet, évêque de Viviers,

A fait répondre que son attachement tant de fois prouvé à l'A. C. J. F. était le meilleur garant des sentiments de bienveillance et des bénédictions qu'il accordait au pèlerinage.

Par suite d'une erreur de mise en pages, la lettre de *S. G. Mgr. Chesnelong, archevêque de Sens*, qui se trouvait entre les lettres de Mgr. de Rennes et de Mgr. de Toulouse, a été omise. Nous réparons ici cette erreur.

S. G. Mgr. Chesnelong, archevêque de Sens :

« Oui, allez à Rome, avec l'élite de notre jeunesse, redire à notre grand et très aimé Pape Pie X, que les apostasies officielles sont impuissantes à séparer ses fils du Pontife Romain.

« Allez à Rome, demander au Vicaire de Jésus-Christ d'oublier les tristesses d'hier, à la vue des grands espoirs que nous donne une jeunesse déjà compacte, fortement organisée, étroitement unie, sous la direction de ses Evêques, fière de sa foi, ardente à l'affirmer, à la propager, et à la défendre.

« Allez à Rome, demander, vous les jeunes, aux leçons du passé, inscrites là-bas sur tous les monuments, par quelles vertus, au prix de quels sacrifices, le christianisme, tout jeune alors, put s'insinuer, grandir, s'imposer par la grâce de la vérité libératrice et de l'amour rédempteur, au sein des égoïsmes, des doutes et des corruptions d'un monde vieilli. Allez à Rome, en cette année où Rome commémore l'Edit de Milan, et revenez-en, chère jeunesse, encore plus résolue à lutter, sans trêve, pour reconquérir à l'Eglise les libertés dont aujourd'hui, comme il y a seize siècles, elle a besoin pour exercer sur le monde sa bienfaisante action.

« Il vous appartenait, mon cher ami, de couronner par ce beau pèlerinage les années de labeur particulièrement actif que vous avez consacrées comme Président à l'A. C. J. F. Le Saint-Père aura pour vous des bénédictions spéciales. »

Les Pèlerins devant Saint-Pierre

LE VOYAGE

Notes d'un Pèlerin

du Train A

Au Sommet de la Tour du Palazzo Vecchio
(Florence)

Vers Rome

Qui pourra dire le charme du voyage et cette intimité bienfaisante qui, pendant tout le parcours, n'a cessé de régner entre les pèlerins ? Celui-là seul peut les connaître qui en a goûté la saveur et en a ressenti l'exquise et incomparable douceur. C'est une atmosphère très douce de bonne et franche camaraderie, de gaieté de bon aloi, d'amitié véritablement chrétienne, où l'esprit se détend, où le cœur se dilate, et dans laquelle il fait bon vivre d'une vie commune et toute fraternelle...

... A peine arrivé à la gare de Lyon, chaque voyageur se dirige vers le compartiment qui lui a été assigné, et, bien vite, il trouve ceux qui seront ses compagnons de route. Les uns lui sont déjà connus. Ce sont des parents, des amis, des condisciples : le voyage cimentera mieux encore l'affection qui les unit déjà. Les physionomies des autres lui sont étrangères. Qu'importe ? Rapidement, on lie connaissance, et en apprenant à se mieux connaître, l'on apprend vite à se mieux aimer. Les voyageurs ne sont-ils pas, tous, aumôniers ou membres de l'A. C. J. F. ? — Cela suffit.

Lorsque tout le monde est installé, une même prière monte de tous les compartiments pour recommander à Dieu notre pèlerinage et obtenir de Lui les grâces nécessaires pour en bien profiter.

Et, pendant que le train s'enfonce dans l'obscurité, chacun se prépare pour la nuit; mais le sommeil ne vient pas encore, et jusqu'à Laroche, — le premier arrêt, — de joyeuses conversations s'engagent, et de clairs éclats de rire retentissent.

Il est alors temps de faire la prière du soir et de s'endormir pour de bon, mais la surexcitation du départ et la joie de commencer enfin ce voyage tant désiré font disparaître tout sommeil et toute trace de fatigue; les compartiments sont calmes, croirait-on, mais l'inutilité des efforts pour s'assoupir apparaît bien à Dijon, à Mouchard, à Pontarlier, où une véritable foule de pèlerins se rue sur les quais pour se délier un peu les jambes.

A TRAVERS LA SUISSE

Avec la douane suisse, — d'ailleurs très débonnaire, — l'aube apparaît lentement. En quittant Neuchâtel, on récite la prière du matin; enfin à Berne, un arrêt d'une demi-heure permet de descendre et de faire un peu de toilette. C'est là que nous retrouvons les pèlerins d'Ambérieu. Ils nous attendent depuis plus d'une heure. Certains nous racontent (car — prodige réalisé par l'A. C. J. F. — on se connaît à peine depuis cinq minutes que l'on est déjà amis d'enfance) certains donc de ceux que nous venons de rejoindre nous disent qu'ils ont visité de fond en comble la capitale de la Suisse. Tout bien approfondi, ils connaissent à peine un bureau de poste et le buffet de la gare;... mais ils sont méridionaux!

Il est six heures et demie lorsque le train repart : il fait maintenant tout à fait jour; mais, hélas! une brume épaisse nous cache le sommet des montagnes, et il nous faut beaucoup de bonne volonté pour deviner dans les nuages la Jungfrau, le Mönch et l'Eiger, ces trois sommets de l'Oberland bernois annoncés par le guidon. En revanche, du flanc de la montagne que suit maintenant le chemin de fer, on peut apercevoir dans la val-lée le joli lac de Thoune, dont la placide immobilité s'anime grâce à la brume légère qui monte lentement de l'eau.

Les pèlerins du train B seront plus favosisés que nous. Quand, huit jours plus tard, ils feront le même trajet, en sens inverse, ce sera par un brillant soleil et sous un ciel radieux.

Spiez! Tout le monde descend, et, après une messe de communion dite par l'abbé Aucler dans une ravissante chapelle, un grand *petit déjeuner* (impossible de qualifier autrement le véri-table repas qu'on sert le matin dans les hôtels suisses) apaise les estomacs creusés par les fatigues d'une nuit de voyage. Ainsi lestés, après avoir envoyé de nombreuses cartes postales, beaucoup veulent descendre au bord du lac qui semble tout proche. Les uns prennent le tramway, d'autres s'engagent dans

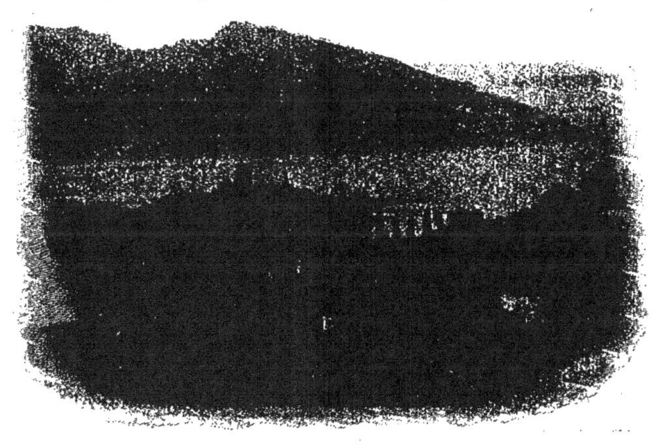

Le Lac de Thoune à Spiez   Cl. de Bertrand

un escalier étroit qui, paraît-il, descend directement au rivage ; mais après quelques minutes, le lac leur semble toujours aussi loin, et ils remontent prudemment. Bien leur en prit, car ceux qui étaient partis en tramway revinrent tout juste pour sauter dans le train.

Et voici la nouvelle ligne du Lœtschberg ; après avoir quelque temps suivi le fond de la vallée, le train s'élève progressivement le long de la montagne. Grâce à de nombreux lacets le paysage se déplace, tantôt à droite tantôt à gauche du train, ce qui provoque à chaque fois les allées et venues des voyageurs ; et l'on ne sait qu'admirer le plus des prodigieux travaux d'art ou du panorama grandiose, des tunnels en tire-bouchon ou de la montagne où ils sont creusés, des audacieux viaducs ou des fines cascades qu'ils franchissent. Le temps s'est un peu levé, et si nous n'apercevons pas encore les sommets, nous jouissons cependant de la magnifique vue de la vallée au fond de laquelle nous étions encore un quart d'heure plus tôt. Et par les fenêtres ouvertes nous respirons un air vif et pur, qui, joint au paysage, nous laisse une vivifiante impression de calme et de fraîcheur.

Tout à coup, le train s'engouffre sous le long tunnel de 14 kilomètres, qui marque le point culminant de notre ascension. Tout le monde tire sa montre : nous restons 14 minutes dans l'obscurité.

Quand nous revoyons le jour, le décor a complètement changé ; au lieu de la gorge resserrée qui obligeait la voie à faire de nombreux lacets pour arriver à l'altitude nécessaire, nous voici devant la large et longue vallée du Rhône qui nous permet de rejoindre la ligne du Simplon, par une longue descente toute droite, au flanc de la montagne.

Et le train continue sa marche au milieu de sites enchanteurs. Brigue nous rappelle que l'heure est arrivée de dire le chapelet et, quelques instants après, le gigantesque tunnel qui sépare en cet endroit la Suisse de l'Italie éveille en notre esprit la pensée des ouvriers morts en travaillant à cette œuvre fantastique. Cette pensée se traduit par un *De profundis*.

Cl. de Bertrand
Sur la ligne du Lœtschberg (La Vallée du Rhône)

Nous sommes maintenant sur le versant italien des Alpes, le paysage est toujours ravissant, et c'est trop vite au gré de nos yeux, mais trop lentement pour nos estomacs que nous arrivons à Baveno où un excellent déjeuner, — agrémenté évidemment de macaroni à la Napolitaine, — nous est servi au bord du vermeil lac Majeur, en face des îles Borromées, riantes sous le soleil.

Après avoir quelque temps longé le lac, nous nous lançons dans la plaine lombarde. C'est alors que, jetant un regard derrière nous, vers les Alpes, nous pûmes apercevoir les cimes, dégagées des nuages qui nous les avaient cachées le matin, entre autres le radieux mont Rose, le plus haut sommet des Alpes après le mont Blanc.

Baveno sur le Lac Majeur

Cl. de Bertrand
Les Iles Borromées

MILAN

Enfin voici Milan, notre premier arrêt sérieux. Il est trois heures et demie. Vite un peu de toilette dans nos hôtels respectifs, et nous partons à travers la ville, malgré la pluie qui se met à tomber. Personne ne négligea l'ascension du toit de la cathédrale, où tous voulurent admirer, outre la vue magnifique, les merveilles d'architecture et de sculpture qu'on y découvre à chaque pas, puisque, disent les guides, il n'y a pas moins de deux mille statues à l'extérieur de cette église.

Après cette visite, qui est de règle lorsqu'on passe à Milan, les uns descendirent dans la crypte, chargée de dorure et de joyaux, où l'on vénère les reliques de saint Charles-Borromée ; d'autres voulurent voir, au couvent de Santa-Maria delle grazie, la Cène de Léonard de Vinci malheureusement bien abîmée ; certains poussèrent jusqu'à la curieuse église Saint-Ambroise ; il y en eut aussi qui se promenèrent tout simplement à l'aventure pour se donner une idée générale de la ville qui est certainement la plus animée de toute l'Italie. Bref, à sept heures, tout le monde était à l'hôtel où nous attendait un excellent dîner et une nuit reposante.

Le lendemain matin, malgré la fatigue de la veille, beaucoup communièrent à la cathédrale. A six heures, le petit déjeuner était terminé, et peu de temps après, le train nous emportait vers Venise, sauf quelques retardataires qui nous rejoignirent d'ailleurs facilement.

Longeant quelque temps, — mais de loin, — le pied des Alpes qui ne forment plus qu'un profil, vert foncé à la base, bleu au milieu, gris sur les sommets, nous brûlons

Milan — Le Dôme et la Place Victor-Emmanuel

Brescia, Peschiera, Vérone et Padoue. Entre temps, nous longeons le tranquille lac de Garde et traversons les glorieux champs de bataille d'Arcole et de Rivoli.

VENISE

Au bout de quelques heures, l'Adriatique apparait sur notre droite et bientôt sur notre gauche : nous sommes sur la digue qui permet au chemin de fer d'atteindre Venise, construite, on le sait, sur de nombreux îlots et, en certains endroits, sur pilotis.

Car là n'est pas encore la pleine mer, la Méditerranée aux flots bleus, ce n'est que la lagune aux eaux grisâtres, peu profonde et presque fermée au large par un cordon d'îles. C'est pour ainsi dire à l'intérieur de ce bassin qu'est bâtie la ville des doges.

A l'arrivée nous nous engouffrons dans les trois bateaux-mouches qui doi-

Saint-Marc et le Palais des Doges   Cl. de Bertrand

vent nous conduire au Lido. Et ce petit voyage commence par une charmante promenade d'un bout du grand canal à l'autre : nous naviguons entre deux rangées de splendides palais aux couleurs vives, et devant lesquels des piliers décorés aux couleurs du propriétaire servent à amarrer les gondoles.

Avant d'arriver à la mer, ou plutôt avant de traverser la lagune, le palais des doges, de style gothique et revêtu de plaques de marbre multicolore, nous éblouit un instant. Derrière lui, nous apercevons les dômes de Saint-Marc ; et, nos bateaux accélérant leur marche, nous nous éloignons peu à peu de Venise et jouissons du panorama de la ville. Du point de la lagune où nous sommes on distingue nettement les îles principales et les îlots secondaires et cette vue d'ensemble sur les différents quartiers, si gais sous l'éblouissant soleil d'Italie, nous sera un souvenir précieux pour l'après-midi, quand nous les visiterons en détail.

Pèlerins donnant du maïs aux pigeons de la place St-Marc.

Cl. Hélot

Bientôt nous arrivons au Lido, une des îles qui ferment la lagune. Nous la traversons et face à une mer d'un bleu velouté, devant la plage splendide qui a fait de

La Place Saint-Marc   Cl. Auger

cette station le Trouville italien, nous déjeunons servis avec rapidité par une armée de garçons, dirigés par un maître d'hôtel à la façon d'un officier qui commande ses soldats.

Cl. de Bertrand
Le Pont des Soupirs

L'après-midi, tout le monde suivit à peu près le même itinéraire : visite de l'église Saint-Marc tapissée tout entière de riches mosaïques, ascension du campanile d'où l'on jouit sur Venise d'un magnifique panorama, et longue promenade en gondole.

C'était malheureusement le 20 septembre, et les principaux monuments, le palais des Doges entre autres, étaient fermés aux visiteurs. Cette fois encore, les pèlerins du train B furent plus

Cl. abbé Guillaume
Le Palais des Doges, la Piazzetta et le Port

heureux que nous ; quand, à leur tour, ils passèrent à Venise, tout leur fut ouvert.

Mais la navigation à travers la ville nous dédommagea de tout : par de pittoresques ruelles où les cris des gondoliers alternaient seuls avec le bruit des rames, nous avan-

Dans la lagune, vers le Lido   Cl. de Bertrand

cions lentement, installés comme des pachas, admirant tour à tour les vieilles maisons, les ponts branlants et les décors imprévus qui défilèrent devant nos yeux ainsi qu'un spectacle magique.

Et certes, la journée fut aussi gaie qu'agréable : les uns étaient heureux de s'être « gondolés » toute l'après-midi ; d'autres se plaignaient d'avoir vu Venise en pleine inondation ; certains enfin, après avoir rencontré, sous forme d'embarcations, tous les

Le Grand Canal   Cl. de Bertrand

véhicules que l'on trouve ordinairement dans nos grandes villes, poussaient la plaisanterie jusqu'à rechercher des canots automobiles arroseurs, assimilables aux balayeuses à pétrole de Paris !

Hélas ! tout a une fin ; après avoir dîné au Lido et parcouru encore une fois le grand canal illuminé, nous nous embarquons pour Florence.

FLORENCE

Certes, si Venise, grâce aux canaux qui remplacent les rues et à ses palais bigarrés, a un cachet tout particulier, Florence, elle aussi, a sa physionomie propre, bien particulière et bien originale.

Elle laisse une impression moyenâgeuse. Cette ville est si imprégnée d'esprit artistique, elle garde de tels souvenirs que rien ne heurte le regard, rien ne choque l'esprit, tout est merveilleusement conçu et conservé, tout est harmonieux.

Certaines places sont si complètement entourées de palais et de colonnades du xvᵉ ou xviᵉ siècle, on y a si soigneusement écarté de la vue les maisons et les monuments modernes, que le soir, en se promenant dans ces vieux quartiers, on doit ressentir une sorte de malaise, comme si l'on était encore à l'une de ces époques troublées où l'histoire de Florence n'est qu'un mélodrame vécu.

Après une splendide messe de communion, où les six cents pèlerins du train A s'approchèrent tous sans exception de la Sainte Table, messe qui restera longtemps

Vue Générale prise de la Promenade de Michel-Ange   Cl. Auger

gravée dans la mémoire du clergé et des fidèles florentins comme un exemple vivant de la renaissance catholique en France, chacun se mit en devoir de visiter la ville autant que le permettait le temps restreint dont nous disposions. Tout le monde se retrouva d'abord à la cathédrale et au baptistère, puis un groupe, dirigé par l'abbé Aucler, sortit de la ville en tramway, pour aller, de San-Miniato, jouir d'un panorama complet de la cité florentine ; d'autres préférèrent visiter le couvent de Saint-Marc, décoré des fresques charmantes et expressives de Fra Angelico : un mélange impressionnant de naïveté et d'élévation, les sentiments de piété et de foi qui en débordent, font peut-être de ces peintures les plus purs chefs-d'œuvre de l'art religieux. Enfin l'on se rendit en foule aux musées des Offices et du palais Pitti, qui n'ouvraient qu'à dix heures et dont nous ne pûmes, dans le peu de temps qui restait, apprécier les beautés, mais qui laissent, par la multiplicité et la valeur de leurs toiles, une impression de richesse extraordinaire.

Après le déjeuner, en compagnie de nos amis de Marseille, qui, sous la conduite de notre vice-président de Gailhard-Bancel, viennent de nous rejoindre, nous partons vers Rome, terme de notre voyage. Alors, malgré les beautés du lac Trasimène, puis des

Le Palazzo Vecchio ou Palais de la Seigneurie

Le Ponte-Vecchio sur l'Arno

Cl. Guérin

Apennins que nous traversons bientôt, c'est vers la Ville Éternelle que vont notre esprit et notre cœur.

Nous l'attendons avec tant d'impatience que le train lui-même semble nous comprendre : contrairement aux « express » (!) italiens que nous avons pris jusque-là, il arrive aux gares à l'heure fixée et ne s'y arrête pas indéfiniment. Bien mieux, il prend de l'avance sur l'horaire, et c'est avec une joie mêlée d'étonnement que nous arrivons à Rome avec plus d'un quart d'heure d'avance.

✻   ✻   ✻

Le Retour

Nous quittons Rome ! Le départ est, certes, un peu triste ; mais nos camarades du train B qui ne s'en vont que le lendemain et les membres du Comité général qui restent encore quelques jours dans la Ville Eternelle sont venus nous accompagner à la gare, et sur le quai règne une animation presque joyeuse : on se serre la main une dernière fois, on se donne rendez-vous au prochain Congrès et au prochain pèlerinage, et cela non sans quelque émotion, bien compréhensible d'ailleurs. Il est impossible, en effet, de passer plusieurs journées dans cette atmosphère de bonne et chrétienne camaraderie qui est celle de toutes nos rencontres, sans que des liens de forte et profonde amitié se nouent ou se resserrent. Il est impossible de vivre ensemble cinq jours pleins d'émotions intenses et de joies réconfortantes sans qu'une intime communion d'idées ne s'établisse entre des membres de la Jeunesse Catholique.

Mais voici l'heure du départ. Vite chacun regarde son compartiment, les portières se

ferment en claquant, et lentement les wagons se mettent en marche, tandis que les cris
éclatent de partout : « Vive le père Corbillé ! Vive Gerlier ! Vive Souriac ! » et qu'enfin
jaillit cette exclamation, poussée par plus de mille voix et résumant bien tout ce que nos
cœurs contiennent d'amour, de fierté et d'espérance « Vive l'Association ! »

Peu à peu, notre allure s'accélère. Nous sortons de la gare et saluons une dernière
fois Rome qui disparaît à nos yeux et nous apparaît bientôt seulement comme une lueur
qui, là-bas, derrière nous, troue la nuit et diminue progressivement d'intensité.

Et nous nous sentons émus jusqu'au plus profond de nous-mêmes. En une seconde,
nous revivons toutes les fortes impressions que notre séjour à Rome a gravées pour toujours en notre âme. Nous revoyons comme en un rêve le Colisée, tel que nous l'avons
contemplé un soir, sous la demi-clarté des étoiles, alors qu'en priant nous évoquions
l'ombre des martyrs souffrant pour confesser leur foi, mourant pour permettre à la nouvelle religion de vivre et de régénérer l'humanité...

Alors, de notre cœur, monte ardente une prière pour le Souverain Pontife, pour remercier Dieu des grâces dont Il vient de nous combler, et pour Lui demander la force de
maintenir, par notre labeur et nos efforts continus, la Jeunesse Catholique toujours digne
de l'amour du Saint-Père.

... Cependant, la nuit est tombée tout à fait, baignant la campagne romaine mysté-
rieusement calme.

Par contre, il règne dans le train une atmosphère, peut-être un peu bruyante, mais
dont nous avions tous besoin pour faire déborder, de quelque façon que ce soit, les multiples émotions qui pendant ces quelques jours nous avaient rempli le cœur.

Bientôt cependant, la fatigue prend le dessus, et, après avoir récité la prière du soir,
chacun s'installe pour dormir ; on enlève les coussins qui recouvrent les banquettes, on
les met dans les couloirs, et certains s'étendent sur ces lits improvisés. Après quelques
dernières plaisanteries, quelques rires, chacun se laisse gagner par le sommeil, et les
compartiments ressemblent à de petits dortoirs, sous la lumière bleue des veilleuses.

Lorsque nous nous réveillons, l'aube commence à poindre, et le spectale est déjà
magnifique. A quelques mètres de la voie s'étend la mer, la Méditerranée immense, qui
semble à cette heure matinale le moutonnement
d'un drap d'argent voilé de crêpe, et qui vient battre
les sombres falaises.

Peu à peu le jour se lève, et la mer prend des
teintes indéfinissables, d'abord grise, puis verte,
puis enfin bleue.

Nous longeons de petits villages de pêcheurs ;
plus loin, nous traversons d'importantes agglomé-
rations avec leurs majestueux hôtels et leurs riches
villas qu'entourent des jardins plantés de cactus, de
palmiers et de mimosas.

Et c'est dans ce décor magnifique de la côte
italienne, pendant que le soleil se lève, plaquant sur
les flots comme un miroir d'argent, que nous
élevons nos âmes vers Dieu pour la prière du matin.

Par une série interminable de tunnels entre lesquels nous apercevons des sites magnifiques, pleins
de soleil et de gaîté, où l'azur de la mer rejoignant
l'azur du ciel n'est jamais troublé que par la voile

Cl. Auger

Dans le Train B : Le Secrétaire du Pèlerinage

lointaine d'un brik ou le moutonnement d'une vague assiégeant un rocher, nous atteignons Gênes.

GÊNES

Là, nous nous dirigeons de suite vers la belle et originale église de l'Annunziata pour la messe de communion, — la dernière, hélas ! du pèlerinage ! Ah ! ces messes de communion, celles de Rome comme celles du voyage, celles du train A comme celles du train B, quelle vivifiante affirmation de foi et quel splendide exemple !

Après la messe, par petits groupes, nous visitons la ville. Les uns se dirigent immédiatement vers le port. D'autres montent au « Righi », afin de jouir de la vue sur Gênes et sa rade. D'autres enfin — et ce sont les plus nombreux — vont au Campo Santo, le célèbre cimetière de Gênes si admiré par les Italiens, mais que notre goût français se refuse absolument à trouver artistique.

Quelques-uns préférèrent à la Gênes moderne, avec ses superbes artères et ses monuments, à la Gênes aux superbes palais de marbres qui attirent les étrangers et sont pleins

Sous le Hall de la Gare de Gênes   Cl. Hélot
Déjeuner des Pèlerins du Train B

de souvenirs, la Gênes populaire, celle qui est peu connue des voyageurs et qui, par cela même, a gardé tout son cachet et toute sa saveur, la vieille ville qui avoisine le port.

Elle se compose d'un dédale de petites rues et d'étroits passages larges tout au plus de trois mètres. De chaque côté, se dressent des maisons très hautes, d'aspect assez repoussant, et bariolées de couleurs vives. Entre ces maisons, les habitants suspendent leur linge pour le faire sécher. Dans la rue, les enfants demi-nus crient, font des pirouettes et courent après les passants pour obtenir quelque pièce de monnaie. Les Génois sont assis sur le pas de leur porte, et causent bruyamment. Au-dessus on aperçoit une étroite bande bleu foncé — le ciel d'Italie — qui laisse tomber sur cet ensemble pittoresque un soleil radieux, ajoutant encore à tout cela la gaîté et la chaleur ; et par derrière, comme toile de fond, le port où de nombreux voiliers semblent s'enchevêtrer dans un méli-mêlo fantastique.

Et c'est un spectacle étrange, plein de poésie et de vraie couleur locale, et bien plus artistique certes que le fameux Campo Santo.

Après le déjeuner nous faisons nos adieux aux pèlerins du groupe de Marseille, que nous saluons en partant de nos joyeuses acclamations : « Vive le Midi ! Vive l'Association ! »

DERNIÈRE ÉTAPE

A partir de Gênes, le paysage est uniformément laid. Nous étions habitués à ces belles campagnes italiennes, aux clochers aussi nombreux que bizarres, aux maisons rouges avec des volets verts — nous étions habitués à cette gracieuse culture de « la vigne mariée aux oliviers » suivant la joie expression d'Horace. Ici au contraire, la voie traverse de longues plaines s'étendant à perte de vue, et lorsque par hasard nous traversons un village, c'est un village d'aspect français.

Cl. Tiberghien

Le Train B dans une gare suisse

Aussi bien, et puisqu'admirer le paysage est désormais sans intérêt, les wagons prennent une animation toute particulière.

Le compartiment va se changer en « appartement ». Et nous assisterons à des transformations successives qui feront la joie des voyageurs. Nous aurons la « salle à manger » où, admirablement installés, nous pourrons prendre notre repas comme dans les restaurants les plus confortables et les plus cossus.

Ici, c'est le « fumoir » et la « salle de jeu », où les amateurs de bridge peuvent à l'aise satisfaire leurs goûts, et faire admirer les plus savantes combinaisons du « sans atout ».

Là, c'est le « salon où l'on cause », le « salon où l'on reçoit » ; car les visites sont fréquentes de compartiment à compartiment. Et dans ces visites, rien de banal, de protocolaire ou d'affecté. Tantôt les saillies et les mots d'esprit fusent joyeux de tous les coins du wagon, accompagnés d'un franc éclat de rire. Tantôt dans une conversation plus sérieuse et plus grave, chacun dit ses projets d'avenir et ses espérances d'apostolat.

Vers sept heures, nous arrivons à Turin. En raison du retard du train, il est impossible de visiter la ville. Aussi, après le dîner, chacun s'occupe d'aller au change se débarrasser de l'argent italien qui lui reste, et de transporter sa valise du train italien dans le train français. Dès que nous sommes sortis de la gare, nous faisons comme chaque soir la prière, et pendant ce temps le train qui précipite sa course nous rapproche, à chaque instant davantage, des Alpes, du Mont-Cenis, de la France.

Et nous entrons bientôt dans la montagne. S'il y avait le moindre clair de lune, comme celui dont jouirent les pèlerins du train B, qui décidément eurent de la chance — était-ce parce que le Comité général avait recommandé ce train ? — nous pourrions admirer les sites grandioses qui défilent devant nous ; malheureusement une nuit noire nous plonge dans un tunnel sans fin : jamais nous n'aurions cru le Mont-Cenis si long !

Enfin, voici les lumières d'une gare ; c'est Modane, c'est la France !

La France ! Ah ! comme il est bon de la retrouver, et comme on l'aime davantage après un séjour à l'étranger. Ah ! certes, au cours de notre randonnée à travers l'Italie, nous avons vu des sites incomparables ; nous avons traversé la Suisse enchanteresse, gravi les pentes abruptes du Lœtschberg, longé les lacs italiens, vu Venise la belle et ses gondoles, Florence et ses musées, et pourtant il est une impression nouvelle et très douce que nous ressentons en entrant dans la gare de Modane, parce qu'il nous semble que c'est la France entière que nous retrouvons là. Et nous avons presque envie de remercier le douanier qui vient nous déranger d'un ton bourru et qui nous fait déranger la belle ordonnance de nos valises, parce qu'il parle français, et parce qu'il porte un uniforme français.

D'ailleurs, en retrouvant la France, nous retrouvons aussi l'Association : le groupe de Modane, qui était déjà venu en plein milieu de la nuit saluer au passage les pèlerins du train B, est encore là, accompagné cette fois d'une partie de son avant garde, et c'est un spectacle touchant de voir, en la personne de l' « Ancêtre », les vieux de l'Association remerciant les plus jeunes de leur visite, le grand-père saluant ses petits-fils.

Avant de nous endormir, nous faisons nos adieux aux pèlerins d'Ambérieu qui nous quitteront un peu plus tard. Et, après une première nuit en chemin de fer, nous ne sommes pas longs à nous laisser aller au sommeil; dans tout le train, on dort à poings fermés.

Nous sommes tous près de Paris quand nous nous réveillons : le temps de faire nos adieux et nous sommes arrivés : ce n'est pas sans un peu de mélancolie que nous nous quittons, et comme à ce moment notre pensée s'en va avec envie vers les pèlerins du train B, qui vont rester encore deux jours ensemble !

… Pendant tout ce voyage, nous avons vécu ainsi dans l'affection la plus fraternelle, dans cette intimité très bonne, que devaient avoir entre eux les chrétiens des premiers siècles. Et lorsque, à notre retour, nous revivons tous nos souvenirs, nous sentons bien qu'après nos joies religieuses et chrétiennes, les émotions les plus douces que nous ayons ressenties sont celles de cette bonne et sainte amitié chrétienne, qui faisait dire à l'un des nôtres : « Dans ce voyage, l'on aime vite ceux que l'on ne connaissait pas ; et « ceux que l'on aimait déjà, on les aime encore davantage. »

AUX PIEDS DU SOUVERAIN PONTIFE

L'Audience Solennelle

de la Cour Saint=Damase

(25 Septembre 1913)

Le moment si ardemment attendu est arrivé, et voici que nous allons vivre l'heure importante, j'allais dire l'heure historique de notre pèlerinage. A l'encontre de tant de visiteurs qui viennent demander à Rome des émotions d'archéologues ou de vives sensations d'art, nous sommes venus y chercher, nous, bien plus que tout cela, le Pape! le Pape, c'est-à-dire le Père! Le jour où nous avons donné au comité d'organisation notre joyeuse adhésion, quelle est donc l'image qui a traversé notre pensée ? Quel attrait nous a séduits? Voulions-nous remplir nos yeux de l'azur du ciel de Venise barré, comme d'un trait vigoureux, par la blancheur du palais des Doges ou par le scintillement de la lagune ? Etions-nous attirés par tout ce que Rome renferme de souvenirs et de richesses? Allions-nous à une fête de l'imagination et des sens ? Non, non mille fois, nous allions à une fête du cœur, nous allions au Pape, nous allions au Père. Et voici qu'à peine arrivés à Rome, ce bon Père nous a fait savoir que, pour lui aussi, notre venue est une fête. Il nous a suivis dans les détails de notre voyage. Il sait qu'à Florence et à Turin nous avons marqué à la Table Sainte les étapes d'un pieux pèlerinage. Il nous a sentis bien près de lui à la Communion générale de Saint-Pierre de Rome. A ce signe de la fraction du pain, si souvent renouvelé, il a reconnu les siens, et lui, le grand Pape de l'Eucharistie, il nous attend et il va se donner, dans des minutes inoubliables, à l'Association tout entière.

Pour la recevoir, il viendra sur le balcon de la cour Saint-Damase, et cette audience recevra, selon la coutume, une grande solennité. Nous ne serons pas seuls; il a voulu que notre entrevue se passe à la face du monde, et il lui a donné des témoins! Derrière un barrage solidement établi et bornant une enceinte où ne passent que les membres de l'Association, une foule de catholiques, venus d'Italie, d'Alsace, de Hongrie, d'Allemagne, de plus loin encore, est réunie. Au centre de l'enceinte réservée, le Comité général. Près de lui prennent place quelques religieuses françaises, les bonnes sœurs de Saint-Vincent de Paul qui ont reçu nos camarades à Sainte-Marthe. Notre aumônier et nos présidents parcourent le front des troupes, bientôt rejoints par le Commandeur Pericoli, Président de la J. C. italienne, et quelques-uns de ses camarades. Saglio est en avant; il tient une fois de plus, dans ses mains fidèles, ce drapeau du Comité général que naguère il porta aux lèvres de Léon XIII et de Pie X. Les troupes de la Jeunesse Catholique, massées comme pour la parade, entourent leur état-major et leur étendard.

Et à mesure que les minutes s'avancent, l'émotion anxieuse grandit dans les âmes. Le Pape, le Père est là, tout près, dans ces bâtiments encore silencieux qui abritent ses fatigues, ses souffrances, où l'Esprit de Dieu le visite, et d'où partent ces ordres lumineux, seuls capables d'arrêter sur le bord de l'abîme la chrétienté et le monde! Il est là, lui! qui, bien que prisonnier, domine les royautés éphémères de toute la distance qui sépare l'idéal de la matière, et la terre du ciel! Il est gardé moins par les soldats qui veillent à sa porte que par la majesté de sa charge surhumaine, et l'hydre de la Révolution qui l'enserre use ses griffes et sa malice contre la sublimité de cette grandeur!

Mais notre attente, sans doute, sera bientôt remplie, car déjà tout commence à s'agiter. Des ombres passent derrière les vitres arrondies des loges qui nous entourent sur trois côtés de la cour Saint-Damase. C'est au fond, au balcon du premier étage, que le Pape doit apparaître. La fenêtre s'ouvre, et des serviteurs laissent pendre en avant un long velum de pourpre galonné d'or. Deux gardes suisses, dans leur uniforme moyenâgeux, la hallebarde à la main, encadrent le balcon. En bas, la garde Palatine sort de son poste et prend les armes ; elle s'avance, et, par des manœuvres impeccables, occupe à notre droite la place qui lui est assignée. Au balcon central des loges de gauche, des prélats s'avancent en manteau de cérémonie (1). Les minutes paraissent des siècles ! Une cloche tinte à l'église voisine, écho de quelque prière. Le soleil qui, tout à l'heure, implacable, dardait ses feux sur l'ocre des murs du Vatican, s'abaisse rapidement ; l'ombre remonte comme pour ajouter au mystère qui nous saisit.

Nos oreilles tendues ont perçu quelque chose ! Une note fugitive qui semble s'évanouir, mais qui s'affirme aussitôt plus nette et plus distincte : le Pape vient vers nous ! Le bruit se rapproche ! c'est celui des trompettes d'argent... bientôt il remplit l'espace, et, grossissant toujours, se multiplie sur tous les murs du palais ; notes pures comme le cristal, vibrations qui nous enveloppent, messagères de la bonne nouvelle, et avant qu'elles s'achèvent, notre vie passe dans nos yeux... le Pape est au balcon!

Un brillant cortège l'accompagne : S. E. le cardinal Billot, Son Excellence Mgr Ranuzzi di Bianchi, maître de Chambre, des évêques, des gardes-nobles et des camériers de cape et d'épée ; la musique de la garde Palatine rangée dans la cour l'accueille, mais qu'est-ce que tout cela ? Le Pape, le Père est là; tout le reste s'efface ; et de toutes nos

(1) S. E. le cardinal Arcoverde de Albuquerque Cavalcanti, archevêque de Rio-de-Janeiro, entouré d'évêques brésiliens. Dans les galeries nous avons remarqué la présence de Mgr. Odelin, vicaire général de Paris. Au-dessous des loges de Raphaël, au deuxième étage du corps de bâtiment qui se trouve à gauche de l'horloge, nous avons pu apercevoir les deux vénérables sœurs du Saint-Père ainsi que ses neveux et nièces.

poitrines comprimées par l'émotion et par l'attente s'échappe une immense acclamation :
« Vive le Pape! Vive Pie X ! » et les bras s'élèvent, et les mains s'agitent et les minutes
s'écoulent et passent inaperçues. Le Saint-Père porte le manteau et le chapeau rouges.
Il se découvre, il agite son chapeau en réponse à nos vivats. Il se penche, nos yeux
rencontrent les siens ! Ah ! le doux sourire ! Ah ! le tendre accueil ! et nos acclamations
montent toujours, la réponse se fait toujours plus affable ! Vers le Père qui la regarde
avec amour, la Jeunesse Catholique continue de tendre ses bras, comme pour Lui
faire l'offrande de tout ce qu'elle possède d'énergie, comme pour confirmer sans réserves
les serments déjà prononcés en son nom... Mais la voix grave et sûre du Pontife s'élève...
« *Sit nomen Domini benedictum!* » Et, agenouillés, nous bénissons avec Lui le nom du
Seigneur ; nous lui demandons aide et secours ; enfin, par l'auguste main qui s'étend
sur nos têtes inclinées, nous recevons toute l'abondance de Ses grâces. Sommes-nous
bien encore sur la terre ?

Pourtant les instants s'écoulent et l'ordre établi pour l'audience nous rappelle à la
réalité. Le Saint-Père, par privilège, nous a autorisés à chanter devant lui l'un de nos
chants de France, et au Pape de Jeanne d'Arc nous apportons l'hymne de « l'Étendard»,
chez nous si populaire et familier. Il sort de nos poitrines, de nos cœurs, de notre sang en
quelque sorte et le Pape l'écoute radieux jusqu'à la dernière note, soulignant lui-même les
passages qui le frappent.

Les Pèlerins acclament le Saint-Père qui vient de paraître au balcon   Felici phot.

Une dernière fois Il se penche vers nous et nous tend ses deux mains ouvertes comme pour nous dire : « Vous êtes bien mes fils. » Il sourit à tous et Il se retire lentement, tandis qu'à nouveau l'hymne pontifical emplit le Vatican de son accent d'allégresse, bientôt couvert d'ailleurs par l'invocation suprême qui jaillit en paroles de flamme de nos cœurs : « *Oremus pro Pontifice nostro Pio. Dominus conservet eum...* »

C'est fini, mais nous restons sous le charme. En retournant vers ses appartements, le Saint-Père rencontrant notre ami d'Esclaibes, président de l'Union du Nord et camérier secret, daigna lui dire avec une inexprimable bonté : « *J'espère que ces jeunes gens auront compris combien je les aime !* »

Ah ! certes la Jeunesse Catholique a compris à quel point le Pape l'aimait et les

Le Palais du Vatican vu du Dôme de la Basilique Saint-Pierre. (†) La Cour Saint-Damase

devoirs que cette affection et cette bienveillance grandissantes lui imposent. Nous voulons, plus encore que par le passé, Lui prouver par nos actes que nous sommes ses vrais enfants.

Nous voulons qu'Il apprenne que, de plus en plus, nous nous acheminons vers la Table Eucharistique ; que, de plus en plus, nous cherchons à faire passer dans nos vies l'idéal de perfection que nous y puisons ; que, de plus en plus, nous tâchons de rayonner autour de nous notre vie chrétienne ; et, quand nous aurons ainsi bien besogné, notre joie la meilleure sera, avec la satisfaction du devoir accompli, la pensée que nous aurons apporté un peu de consolation au cœur si souvent douloureux du meilleur de tous les Pères.

LES AUDIENCES PRIVÉES

Le matin même de l'inoubliable journée du 25, Gerlier, Souriac, M. l'abbé Corbillé sont admis à une audience privée du Souverain Pontife.

Pendant plus de vingt minutes, dans ce cabinet de travail où l'on pénètre avec la même émotion qu'en un sanctuaire, devant ce bureau sur lequel ont été édictés tant de documents d'une importance si décisive pour la vie de l'Eglise et que dominent, de chaque côté du grand Christ, les statues de Jeanne d'Arc et du curé d'Ars, — spectacle si doux aux cœurs français! — nos amis et notre aumônier général sont demeurés en conversation avec le Saint-Père.

Cette audience, on le sait, a été féconde en paroles précieuses, en témoignages de paternel amour et de confiance, en bénédictions; mais si l'on peut rapporter ces actes, il reste quelque chose qu'on ne peut rendre pleinement, puisque nos chefs eux-mêmes s'y sont reconnus impuissants dans les récits qu'ils nous ont faits: c'est, d'une part, l'impression profonde que provoque la pensée d'être en présence du Vicaire de Jésus-Christ, impression qui saisit le cœur de joie, redouble votre vénération, accroît en un instant l'amour le plus grand et le dévouement le plus absolu; c'est, d'autre part, l'infinie bonté de l'accueil de Pie X, et tout ce rayonnement de simplicité et d'autorité, de mansuétude et de fermeté, d'ardeur apostolique et de sainteté qui l'environne.

Nos chefs ont à peine eu le temps de commencer les trois génuflexions exigées par le cérémonial, que d'un geste Pie X, qui les attend debout, le visage tout éclairé de ce sourire où se reflète toute sa personnalité, les a relevés et invités à s'asseoir devant lui, et tout de suite il adresse à Souriac, qu'il a daigné reconnaître à son entrée, bien que la précédente visite de notre nouveau président remonte à deux années, ses félicitations pour son élection.

Puis, M. l'abbé Corbillé prend la parole: « Très Saint-Père, nous venons avec nos douze cents délégués apporter à Votre Sainteté le salut profondément respectueux, l'hommage très filial d'entière soumission, d'absolu dévouement et d'immense gratitude de l'Association catholique de la Jeunesse Française, que Votre Sainteté connaît. — *Oui, je connais la Jeunesse catholique!* »

Notre aumônier général passe alors rapidement en revue nos récents progrès, les diverses manifestations de notre vie. En premier lieu, vient la *communion perpétuelle*, instituée par le Conseil fédéral de 1912 : « *Oh! pour cela*, interrompt le Souverain Pontife, *bénédiction toute spéciale !* »

Passant alors à l'étude, M. l'abbé Corbillé indique la part de plus en plus grande faite à celle de la religion; puis il insiste sur nos études et notre action sociales, guidées par la lumière des Encycliques, s'inspirant du principe de la confessionnalité des institutions sociales.

« *Oui*, prononce le Pape, *j'ai une estime particulière pour la Jeunesse catholique « française à cause des assurances* (assecurazione) *qu'elle me donne.* »

Enhardi par tant de paternelle bienveillance, M. l'abbé Corbillé expose au Saint-Père quelle joie auraient nos amis de l'Association à recevoir une marque de confiance et d'encouragement écrite de sa main. Déjà, le Saint-Père est debout, il prend dans un classeur placé derrière lui une feuille de papier à ses armes, insère un transparent entre les deux feuillets et d'une main ferme, pesant ses mots, s'arrêtant et relisant à plusieurs reprises, il écrit la lettre, le document magnifique qui figure en tête de ce volume.

La conversation reprend encore pendant quelques instants, bien que déjà l'on soit venu avertir le Pape que les personnes admises à l'audience semi-privée qui va suivre sont groupées dans les salons précédant son cabinet. A ce moment, Gerlier fait part au Saint-Père de sa décision de se consacrer prochainement d'une façon plus complète au service de Dieu : « *Nous prierons pour votre vocation !* » dit Pie X, dont le regard s'attache longuement, plus radieux encore, sur la physionomie, radieuse elle aussi, de notre ami. « *Dieu vous les rendra !* » ajoute-t-il en parlant des nombreux membres de l'Association dont l'entrée au Séminaire a creusé plus d'un vide dans nos troupes d'élite.

Une seconde fois cependant, on est venu avertir que l'audience semi-privée est préparée : le Pape se lève ; sur nos trois chefs agenouillés, sa main se dresse en un large geste de bénédiction ; puis, Gerlier, remettant en quelque sorte en ses mains les pouvoirs exercés par lui pendant quatre années, l'assure de la fidélité, de l'obéissance qui animent toute l'Association : « *Je n'en doute pas ! je vous remercie !* » répond le Saint-Père.

A son tour, Souriac, encore agenouillé, s'écrie : « Très Saint-Père, ce sera demain comme hier! » Alors, Pie X, comme en un geste de consécration, appuie fortement sa main droite sur la tête du nouveau Président de l'Association en disant : « *Je le sais, mon fils, allez, je vous bénis !* »

L'audience privée est terminée ; mais à l'audience semi-privée qui suit, nombreux sont les membres de l'Association parmi les personnes admises en la présence du Saint-Père. Ce jour-là, en effet, et le lendemain, nos présidents et aumôniers régionaux, la plupart de nos chefs d'Unions diocésaines purent, avec les membres du Comité général, voir de près le Pape et recevoir sa bénédiction.

Le vendredi, Pie X daigna ajouter encore un nouveau et suprême témoignage à tous ceux que nous venons de rapporter. Comme il regagnait son cabinet après avoir béni les assistants à l'audience, passant au milieu d'un groupe de croix de Malte, il reconnut à leur tête notre aumônier général et lui dit d'une voix forte en lui mettant la main sur la tête : « *A h ! la Jeunesse catholique. Toutes les bénédictions pour la Jeunesse catholique !* — Très Saint-Père, répondit M. l'abbé Corbillé, la Jeunesse catholique vous aime et vous promet à nouveau une indéfectible fidélité ! »

Ce furent les dernières paroles dites au Pape par la Jeunesse catholique. Et il convenait qu'il en fût ainsi puisque c'est pour les dire que nous étions allés à Rome.

Réception de S. E. le Cardinal MERRY DEL VAL

Son Excellence le Cardinal Secrétaire d'État se trouvant absent de Rome au moment du pèlerinage avait daigné faire savoir à nos chefs son désir de les recevoir au Vatican avant leur départ de Rome.

Ce fut le samedi matin, après le départ des pèlerins, que Son Eminence, venue de sa villa de Monte-Mario, accorda à Souriac, Gerlier et Maurice de Gailhard-Bancel, avec M. l'abbé Corbillé, une audience qui se prolongea pendant près d'une heure.

Notre aumônier fut d'abord reçu par l'éminent Secrétaire d'État; puis nos amis furent introduits auprès de celui-ci.

Le plein succès du pèlerinage, au courant duquel le Cardinal se faisait tenir chaque jour, avait profondément réjoui Son Eminence, qui, depuis de longues années, a prodigué à l'Association tant de marques de sa bienveillance particulière. Elle voulut en témoigner toute sa satisfaction à nos chefs, en leur confirmant l'unanime impression favorable produite par nos pèlerins à Rome: « Il n'y a qu'une personne ici, dit Son « Eminence, qui conserve un regret: c'est moi, parce que mon éloignement de Rome ne « m'a pas permis de voir vos chers jeunes gens! »

Une conversation des plus animées, dans laquelle ont été tour à tour abordés les sujets touchant le plus intimement à la vie de l'Association : son action religieuse et sociale, son attitude en face des partis, sa pénétration dans les milieux universitaires et dans les établissements libres, ses progrès dans les classes populaires, s'est engagée alors.

Le Cardinal Merry del Val, qui suit l'Association avec cette connaissance profonde de son organisation, du milieu où elle agit, des circonstances qui peuvent influer sur son développement et sur son action pratique, qu'il applique à toutes les choses dont il s'occupe, a manifesté dans les termes les plus élogieux et les plus nets, avec une grande bonté et un aimable abandon, sa confiance dans l'esprit de foi et de discipline de l'Association à l'égard du Pape et de nos Evêques, dans sa bonne volonté et sa droiture, dans son attachement à la doctrine. Aussi lui conseille-t-il d'aller sans hésitation de l'avant dans la voie de conquête et de réalisations qu'elle s'est tracée, sur le terrain exclusivement catholique : ainsi elle se conformera pleinement aux désirs du Saint-Père et continuera de mériter toute sa confiance et celle de l'épiscopat.

Nos chefs, qui ont de leur côté exprimé à Son Éminence les regrets unanimes de nous tous de n'avoir pu saluer le collaborateur intime du Saint-Père, celui dont le nom figure au bas de tant de documents précieux pour notre chère Association, l'ont assurée de la gratitude profonde que toute l'A. C. J. F. lui garderait de tels encouragements et de telles paroles et l'ont priée de transmettre encore une fois au Saint-Père le serment que toutes ces directions, tous ces conseils seraient suivis et réalisés avec enthousiasme dans l'avenir comme dans le passé, et cette audience, heureux prolongement des journées précédentes, prit fin après que le Cardinal eut daigné leur donner de tout cœur sa bénédiction pour l'Association tout entière.

LES CÉRÉMONIES RELIGIEUSES

Une messe chaque jour, célébrée le mardi à la Basilique de Saint-Pierre par le cardinal Vannutelli, le mercredi à Sainte-Cécile du Transtévère par Mgr Odelin, vicaire général du diocèse de Paris, le jeudi à Saint-Ignace par le cardinal Billot, le vendredi à Saint-Jean de Latran par Mgr Langevin, archevêque de Saint-Boniface (Canada), et, au soir de ce dernier jour, le *Te Deum* d'actions de grâces et le salut solennel à Saint-Louis des Français : telles ont été les cérémonies religieuses de notre pèlerinage. Mais s'il est nécessaire de les isoler ainsi pour rappeler quels traits communs les ont marquées, et ce que chacune d'elles nous a appris, comment ne pas se souvenir d'abord que ces journées ainsi commencées dans les sanctuaires de Rome sont demeurées tout entières remplies des mêmes émotions religieuses et imprégnées des mêmes « parfums » ? Pèlerins de l'Association, c'est notre Rome catholique que nous devions chercher à connaître, que nous avons parcourue ensemble. Chaque jour les mêmes prières montaient du fond de nos cœurs à nos lèvres dans ces lieux saints — chapelles des Catacombes, obscur cachot de la Mamertine, ruines dorées du Colisée — si pleins des souvenirs glorieux de nos martyrs, tandis que les nefs grandioses des basiliques et les splendeurs du Vatican évoquaient pour nous la majesté souveraine du Pontife sous la main bénissante duquel nous allions courber nos fronts.

L'éclat que prirent, dans leur simplicité même, nos messes quotidiennes n'a pas été seulement l'un des signes de cette inspiration religieuse qui anima chacun de nous dans notre rapide visite de Rome : ces messes, ces communions — c'est le mot qui résume tout — ont donné encore la note dominante de tout ce pèlerinage, comme elles ont marqué le caractère essentiel, la qualité la plus féconde de toute notre Association. Pèlerinage d'affirmation catholique, a dit l'un de nos présidents : il n'en sera pas de meilleure preuve que le récit des cérémonies religieuses. Ainsi Rome exaltatrice de vie religieuse eût été déjà source d'émotions et d'enseignements précieux. Combien plus encore elle l'a été au cours de ce pèlerinage devenu par la volonté de tous une manifestation éclatante de la vie religieuse intense de l'Association, et un enseignement mémorable non seulement pour les pèlerins, non seulement pour leurs amis de France, mais pour les catholiques de Rome et pour les fidèles de toutes nations rassemblés avec la Jeunesse Catholique aux pieds du Père commun.

Le compte rendu serait incomplet s'il commençait seulement aux messes de Rome. Car le voyage de Paris à Rome avait été marqué de la même empreinte de piété eucharistique : aux messes auxquelles les pèlerins assistèrent à la Cathédrale de Milan et à Sainte-Marie Nouvelle à Florence pour le train A, à Turin pour le train B, déjà, et malgré les fatigues du voyage, ils s'étaient trouvés tous réunis autour de la Table Sainte. S. E. le Cardinal Vannutelli a délicatement rappelé lui-même à Saint-Pierre tout ce que de tels exemples avaient d'édifiant, et tout ce qu'ils contenaient de promesses pour la sanctification du pèlerinage et de l'Association tout entière.

Promesses fidèlement tenues d'ailleurs. Ce fut une joie pour chacun de nous, un sujet d'étonnement et d'admiration pour ceux qui ne nous connaissaient pas encore. Chaque jour nous avons tous été fidèles au rendez-vous donné, et nous avons tous communié. Il y eut les mêmes centaines de jeunes voix pour confesser ensemble leur foi en un splendide *Credo*, et pour chanter ensemble le *Magnificat* de l'allégresse.

Des progrès de la piété dans l'Association ainsi affirmés, le pèlerinage a été le plus vivant témoignage. Elle est, après Rome, mieux encore le premier terme de notre devise. L'A. C. J. F. a tenu les engagements qu'elle avait pris le jour où, docile aux enseignements du Souverain Pontife, nous avons, suivant la belle expression du cardinal Vannutelli, « inscrit dans les plis de notre drapeau le culte de l'Eucharistie ».

Plus forts parce que nous avons mieux vu ce que nous sommes, nous le serons

Dans les Jardins du Vatican   Cl. Guérin

aussi après ces communions aux côtés les uns des autres parce que nous aurons plus étroitement et plus chrétiennement senti le lien qui nous unit. *Fortes in fide diligatis invicem* : ces paroles gravées sur les murs de la grande salle de la Conférence Olivaint, que ce même cardinal Vannutelli commenta en un si noble langage lors de la visite dont il honora l'Association à Paris, ces paroles ont dû revenir à l'esprit de plusieurs d'entre nous dans la basilique de Saint-Jean de Latran pendant que de nos rangs montait une fervente prière pour l'âme d'un camarade mort en France au cours du pèlerinage. Le souvenir de cette prière restera parmi nous, nous disait alors notre aumônier général, comme celui des heures inoubliables de la Salle Pia, parce qu'un instant, elle a réalisé d'une manière sensible et très émouvante la véritable et fraternelle amitié de l'Association.

⁎
⁎ ⁎

Union étroite, discipline, piété ardente : de nous avoir fait percevoir tout cela eût suffi pour faire de nos cérémonies religieuses d'inestimables leçons. Mais ces leçons s'enrichissaient encore des richesses spirituelles des lieux mêmes où nous sommes allés prier, et de l'enseignement direct que les voix les plus éminentes nous y ont donné.

Il semble que l'ordre même dans lequel nous avons passé d'un sanctuaire à l'autre ait été voulu comme pour le développement d'une même pensée. Ne sommes-nous pas allés d'abord affirmer à *Saint-Pierre* la foi catholique qui nous a conduits à Rome ?

Dans l'illustre basilique, à l'autel de Sainte-Pétronille, le Cardinal Vannutelli célèbre la première messe du pèlerinage et communie mille jeunes gens. La cérémonie terminée, chacun se recueille pour une fervente action de grâces, mais voici que la voix chaude de l'aumônier général nous appelle à la Confession de Saint-Pierre. C'est là, près des reliques vénérées du Prince des apôtres et du premier Chef de la hiérarchie catholique, que l'A. C. J. F. veut chanter son *Credo*. Mais elle ne sera pas seule. L'Eminentissime Cardinal a entendu la consigne et il la confirme : « Le *Credo* de notre foi chanté par la Jeunesse catholique de France près du tombeau de Saint-Pierre est un événement auquel je veux m'associer. » Et à sa suite, un millier de voix jeunes et ardentes reprennent les versets de notre vieux *Credo* français de Dumont qui se prête aux grands ensembles vocaux et met tant de puissance dans son affirmation : *Credo... Unam, Sanctam, Catholicam et Apostolicam Ecclesiam.*

Pour l'affirmation de cette vérité éternelle, nous avons appris le lendemain, devant les reliques de *Sainte-Cécile au Transtévère*, tout ce que la vertu peut ajouter d'iné branlable énergie aux forces physiques les plus frêles d'apparence. Dans l'église *Saint-Ignace* nous nous sommes agenouillés sur le tombeau de Saint-Louis de Gonzague, le Saint de la pureté, et nos prières ont demandé cette pureté de cœur de ceux « qui verront Dieu » et sans laquelle il n'y a pas d'âmes vraiment fortes au service de la foi.

La dernière messe du pèlerinage est célébrée à *Saint-Jean de Latran* devant les restes précieux de la Table où fut consommée la première Cène, et cette communion reçue dans l'église Mère de toutes les églises de Rome et du monde entier fut vraiment pour les mille jeunes Français qui y prirent part comme une Pâque nouvelle, d'où ils sont partis avec un plus ardent esprit de conquête, plus riches de leur confiance affermie et de leurs espérances dans les prochaines résurrections.

⁎
⁎ ⁎

De leurs cérémonies religieuses, les pèlerins de l'A. C. J. F. ont encore précieusement emporté le souvenir de l'honneur que les princes de l'Eglise ont fait à l'Association en venant célébrer la Sainte Messe pour elle et des mémorables paroles par lesquelles ils ont marqué tout l'intérêt qu'ils portent à notre œuvre. Celles de S. E. le Cardinal Vincent Vannutelli ont certes été les plus beaux souhaits de bienvenue que notre pèlerinage ait pu recevoir à son arrivée à Rome. Elles méritent justement de prendre place dans le livre d'or de notre pèlerinage à côté des témoignages éclatants de confiance reçus du Saint-Siège et du Souverain Pontife lui-même.

La sympathie de l'éminent prélat — qui parle notre langue avec une élégante pureté — n'était pas une faveur nouvelle pour nous. Lui-même s'est plu à rappeler le souvenir reconnaissant qu'il a gardé de l'accueil qui lui fut fait par l'A. C. J. F. de Paris lors des fêtes à la mémoire d'Ozanam. Mais quel honneur et quel encouragement pour nous de l'entendre à nouveau louer notre esprit de foi et notre piété chrétienne, associer les siennes aux bénédictions des évêques de France et aux espérances qu'ils mettent en l'A. C. J. F. Il nous redit encore l'amour de Pie X pour la France — et nos cœurs se réjouirent d'entendre toujours appeler notre patrie la Fille aînée de l'Église —, la prédilection du Saint-Père pour l'Association, et que de celle-ci nous devons voir la cause dans notre dévotion à l'Eucharistie. Il sait que nous écouterons son appel et qu'à cette dévotion nous resterons étroitement

Cl. Braye

Tombeau de Sainte-Cécile

fidèles, que nous avons aussi fait ensemble de reconnaissantes prières pour le vénéré Cardinal qui a bien voulu dire à l'A. C. J. F. qu'il se réjouissait de pouvoir lui témoigner une fois encore son attachement.

A Sainte-Cécile, Mgr Odelin, qui a représenté parmi nous l'Épiscopat de France, a commenté le grand devoir que Pie X rappelle aux catholiques du monde entier en cette année constantinienne : lutter pour conserver à l'Église la liberté que l'édit de 313 lui a pour la première fois donnée. Liberté qu'il faut savoir aimer, comme nous aimons l'Église, parce que l'Église est notre mère, liberté qu'il faut pratiquer sous les ordres du Souverain Pontife et de nos évêques ; liberté qu'il faut défendre, en retrempant nos âmes pour cette affirmation des droits de la Sainte Église dans les grands exemples donnés par les martyrs sur les tombes desquels nous sommes venus prier.

La messe était servie ce jour-là par Gerlier et par Souriac, nos deux présidents, et c'était presque une réponse immédiate aux paroles du prêtre : la représentation symbolique de la soumission chrétienne, de l'empressement filial avec lequel l'Association est tout entière au service de son Église et de ses Évêques.

Les paroles magnifiques du Cardinal Billot resteront enfin dans l'accomplissement de notre tâche, pour la conduite de nos efforts, comme une leçon de haute philosophie catholique toute remplie des plus fermes conseils et des directions les plus sûres.

Rappelant les paroles du Pape au Consistoire où lui-même a reçu le chapeau cardinalice il exprima tout d'abord l'espoir que la France persécutrice du Christ redevienne un vase d'élection devant les peuples. Cet espoir nul n'est mieux qualifié que l'A. C. J. F

Basilique Saint-Jean-de-Latran.

pour en hâter la réalisation. Elle est une école de vraie piété, une piété qui désire dans son action être conquérante. Le moyen d'arriver rapidement à la victoire c'est d'enlever à l'ennemi, à celui que saint Ignace appelle l'ennemi de la nature humaine, les armes dont il se sert. Or, depuis un siècle, incarné dans la Révolution, il n'a pas eu d'arme plus insidieuse que la devise « Liberté, Égalité, Fraternité ». Mots admirables qui peuvent être chrétiens, qui doivent l'être, mais qui peuvent aussi servir de passe-port aux plus pernicieuses erreurs.

Et dans une langue riche et lumineuse, l'éminent orateur expose quelles réalités d'une part, quelles chimères décevantes d'autre part peut couvrir la magique formule.

Son Éminence acheva de célébrer le Saint-Sacrifice pour l'Association, demandant, comme il le dit en terminant, à Jésus-Christ de s'emparer des âmes de ces jeunes gens « à la vie, à la mort ». Ceux-ci, pendant ce temps, s'unissant à ces prières, répétèrent ensemble l'acte de consécration de l'Association au Sacré-Cœur de Jésus, « le pacte d'indissoluble union entre le cœur de la Jeune France et le cœur de Jésus Rédempteur ».

Il y avait à Saint-Ignace, pour honorer le Cardinal français et pour qu'ils soient bénis par lui, tous nos drapeaux, massés autour de l'autel. Sans doute, le vénéré Cardinal n'a-t-il pu se défendre d'un mouvement de joie en passant entre cette double haie de drapeaux aux trois

Le Cloître de Saint-Jean-de-Latran.

Les pèlerins vont vénérer la Table de la Cène.

couleurs qui l'accompagnèrent à la sacristie et qui s'inclinaient à son passage comme pour un merci respectueux et reconnaissant.

Nos drapeaux ! Ils furent encore de la fête au Salut de clôture à *Saint-Louis des Français*. C'était encore Rome, et c'était déjà la France. Nos chants d'action de grâces, notre vibrant *Te Deum* furent des chants de reconnaissance pour toutes les bénédictions que nous emportions de Rome. M. l'abbé Corbillé nous les rappela une dernière fois, faisant passer en nous cette émotion que lui-même avait ressentie quand, le matin encore, à l'audience des présidents diocésains, le Souverain Pontife s'arrêta devant lui et nous bénit à nouveau en imposant ses mains augustes sur la tête de notre aumônier : « Et il me semblait, nous dit-il, que du haut du ciel descendaient, en passant par ces mains, les plus saintes, les plus douces bénédictions pour l'Association. » L'*Oremus pro pontifice* fut vraiment le cri d'affection profonde de l'Association, le serment de son inébranlable fidélité au Saint-Siège.

Notre dernière prière fut un chant français, que nous aimions beaucoup déjà, que nous aimerons plus encore, depuis que nous l'avons chanté aux pieds du Pape dans la cour Saint-Damase. Les strophes de l'*Etendard* montèrent comme le chant de la Jeunesse française autour de la statue de Jeanne d'Arc, devant laquelle s'inclinaient nos drapeaux. Et la France était là qui nous écoutait, souriante, émue, et fière, la France, personnifiée par les « Petites Sœurs » françaises qui gardent loin d'elle son amour au cœur, et qui étaient venues prier avec nous pour elle.

Cl. Bonne Presse

Saint-Louis-des-Français

Les Réunions d'A.C.J.F.

I = A Sainte=Marthe : Le Punch=meeting

Le mardi 23 septembre, nous eûmes, dans la grande salle de Sainte-Marthe, la réunion intime, joyeuse et cordiale sans laquelle il n'est pas de vraie fête d'A. C. J. F., la réunion où se manifeste le mieux notre fraternelle amitié, le traditionnel « *punch-meeting* ».

Par tradition, on s'écrasait aux portes, dans les embrasures, jusque sur l'estrade présidentielle, par tradition aussi on fut en retard : mais Séjourné sut nous faire utiliser les minutes d'attente en dirigeant l'exécution du chant à « l'Etendard ». Quelqu'un prétendait que cela « chauffait la salle » ; nous n'en avions pourtant pas besoin !

A huit heures trois quarts, Gerlier, Souriac, M. l'abbé Corbillé font leur entrée au milieu d'ovations répétées, et vont prendre place à la table d'honneur, derrière laquelle sont rangés — splendide décor — cent drapeaux de nos Unions et de nos groupes. A leurs côtés prennent place Jarry et de Gailhard-Bancel, vice-présidents, Mme Souriac, notre camarade Onori, membre du comité général de la Jeunesse catholique italienne, Eblé, Bourgeois, Saglio, Chantrel, Gilles, du Comité Général, des anciens : Pagès, Séjourné, des présidents d'Unions : d'Esclaibes du Nord, Lucet de l'Orléanais, Mortier du Sud-Ouest, Duguet du Midi, de Saint-Aubert du Pas-de-Calais, notre ami Coppin, conseiller municipal de Boulogne, le vaillant conquérant des libertés catholiques, de Rosny, M. le chanoine Pertus, etc.

La prière... puis, le premier, **Pierre Gerlier** se lève et salue, une fois encore, nos Unions, nos diocèses organisés, nos groupes, représentés à Rome, et aussi tous nos camarades retenus en France mais qui s'unissent par la pensée à notre émotion et à notre allégresse. Il salue nos drapeaux, représentant tant d'efforts, de succès, preuve de notre organisation nationale et de la représentation, à Rome, de toute l'A. C. J. F. Il songe à la messe du matin, à Saint-Pierre, où nous avons si magnifiquement affirmé notre foi dans notre communion générale et dans le chant du *Credo*, et salue les « radieuses perspectives » qui s'ouvrent maintenant pour notre association. Puis il bénit Dieu qui a permis que nous vivions à Rome, près du Pape, des minutes pareilles. Et maintenant, il remercie... Il nous remercie, parce que, dans ce pèlerinage, nous avons singulièrement traduit la pensée, l'esprit et l'âme de l'Association, surtout par cette communion du matin à Saint-Pierre, et par notre communion générale de dimanche, à Florence et à Turin, à l'issue d'une nuit passée dans le train. « Ne vous imaginez pas qu'on l'ignore, poursuit Gerlier... Ce matin, une heure après la cérémonie de Saint-Pierre, le Pape en était informé, il en disait sa joie à notre ami d'Esclaibes, camérier de cape et d'épée, et il ajoutait : « J'en suis content parce que cela montre que j'ai raison d'aimer l'Association. »

Gerlier remercie ensuite les Sœurs de Sainte-Marthe, « qui symbolisent le dévouement parce que Sœurs de Saint-Vincent de Paul, et le dévouement *souriant* parce que françaises ». Une ovation chaleureuse suivie d'un formidable ban prouve la reconnaissance vouée par les pèlerins de l'A. C. J. F. aux si bonnes hospitalières de la commission romaine.

Notre président doit aussi un merci à celui qui fut la cheville ouvrière du pèlerinage, qui l'a patiemment préparé, qui eut la charge de l'administration et de la correspondance, et qui peut contempler aujourd'hui avec joie le succès dans lequel il a une si large part : Alexis Chantrel... nouvelle ovation. Quand elle s'est achevée, Gerlier continue, d'une voix plus grave et plus émue, maintenant, pour nous dire combien il a aimé et aime encore l'Association, tout le bonheur qu'on éprouve à lui avoir donné sa jeunesse, et pour la remercier de l'amitié bénie qu'elle fait naître entre ses membres. Le souvenir de cette amitié sera le réconfort de sa vie. Notre ancien président, d'ailleurs, tient bien à nous dire qu'il ne part pas, qu'il reste des nôtres, dans nos rangs, soldat fidèle, uni à nous pour toutes nos luttes, dans l'amour de Dieu, de l'Eglise, du Pape et du drapeau français.

Nous venons ainsi d'indiquer ce qu'a dit Gerlier ; mais nous ne pouvons décrire ni l'accent de son inimitable éloquence, ni l'émotion qui nous étreignait lui et nous, ni l'accueil enthousiaste fait par la salle vibrante à chacune de ses phrases. Ceux qui l'ont vu et entendu parler en union avec son auditoire comprendront notre impuissance, nos regrets, et pourront imaginer ce que furent ces minutes.

Pressée, émouvante ou enjouée, tour à tour, mais toujours éloquente, la série des toasts va maintenant se poursuivre.

Séjourné se lève. C'est un ancien, qui a vécu les heures héroïques de l'Association, aujourd'hui conseiller général du Loiret. Il débute en nous disant : « Arrière les vieilles barbes ! Place aux jeunes ! » et il boit à la vraie gaieté française, nous suppliant d'en être les chevaliers et de ne ressembler en rien à ceux de nos contemporains « qui traînent au milieu du plaisir la tristesse d'une vie désabusée ». Et l'on a frénétiquement applaudi.

Encore un ancien : **L.-A**. Pagès, président d'honneur de l'U. R. du Midi. Quelle joie d'entendre encore cette belle voix grave aux soudains éclats d'argent ! elle sonne, comme autrefois dans nos congrès, pour saluer « l'unité nationale de l'A. C. J. F. » ; unité dans le temps, puisque Pagès envoie un souvenir aux anciens, « aux vieux absents », unité dans l'espace, puisqu'après avoir fait l'éloge de son Midi, il apporte à toutes les Unions son salut et ses vœux.

Voici **Marcel Bourgeois**, du Comité Général, l'apôtre de l'A. C. J. F. dans les milieux universitaires parisiens. Il lève sa coupe « au pays laissé là-bas », à qui nous rapporterons un peu de soleil romain. Il nous rappelle le mouvement de renaissance catholique qui se dessine chez nous, et nous supplie de collaborer davantage encore, par notre dévouement, à cette résurrection française.

Pourquoi **Gaston de Saint-Aubert**, président du Pas-de-Calais, s'est-il excusé, en commençant, de ne vouloir nous parler que le « langage du cœur » ? Quel autre pouvait en effet convenir pour remercier, au nom de toute l'A. C. J. F., de ses Unions, de ses comités, de ses chefs, de ses membres, Gerlier et Souriac, de tout ce qu'ils ont fait et de tout ce qu'ils feront pour elle ? Notre merci à tous fut dit par Saint-Aubert comme nous voulions qu'il fût dit : avec reconnaissance et avec affection.

Au nom de la Bretagne, le Dr **Rousseau**, président diocésain d'Ille-et-Vilaine, but à l'unité chrétienne dans l'amour de la patrie française, à Rome, initiatrice du progrès, à notre formation au sein des cercles d'études, à nos luttes de demain. Ce fut un discours de chef que l'on sentait sans cesse sur la brèche, aux prises avec les réalités de chaque jour. Il fut chaleureusement applaudi.

L'A. C. J. F. Algérienne était largement représentée au pèlerinage par des camarades pleins d'entrain. L'un d'eux, **Merle**, nous apporta un salut d'Afrique plein d'humour et d'éloquence, de bonnes résolutions et de viriles promesses.

Quelques minutes de répit. De joyeuses détonations retentissent, qui nous rappellent le « champagne » national... Le *Frascati* et l'*Asti Spumante* moussent dans les verres.

Mais les toasts reprennent bientôt. Voici notre ami **Onori**, membre du Comité de la « *Gioventù Cattolica italiana* », qui se lève, accueilli par un triple ban. En un français très pur, presque sans accent, il nous apporte, au nom du Commandeur Pericoli, président, et du Comité de la G. C. I., les hommages et le salut de nos camarades italiens et termine en s'écriant : « Vive le Pape Pie X ! Vive la Jeunesse Catholique Française ! »

Maurice de Gailhard-Bancel remercie « l'intendance » du pèlerinage, Mgr. Lancelle et M. le chanoine Pertus, avec eux les organisateurs qui ont tout prévu et tout préparé. Il fait applaudir ensuite un jeune groupe des Basses-Alpes, celui de Sisteron représenté à Rome par huit membres conduits par leur aumônier.

Henri Jarry, notre nouveau vice-président, après avoir redit à Souriac qu'il veut être pour lui « le vice-président idéal que Souriac lui-même a été pour Gerlier », nous apporte des « souvenirs d'ancien ». En effet, ne reconnaît-il pas, dans cette salle,

Maurice de Gailhard-Bancel   Henri Jarry
Vice-présidents de l'A. C. J. F.

les fils de ceux qui furent ses compagnons aux pèlerinages lointains de l'A. C. J. F.
à Rome ?

Jarry nous raconte comment il vint et s'attacha à l'Association, attiré et retenu
surtout par l'amitié qui s'y manifeste et unit tous ses membres, par cette amitié qui est
notre réconfort, notre aide et notre force. Ayons confiance en cette amitié ; quelles que
soient nos tentations de paresse, de négligence, nos tristesses, ne nous décourageons
jamais. Travaillons dans l'humilité, dans l'obscurité, dans l'effort. Les grands effets ont
d'humbles causes. C'est à nos communions, à nos prières, à notre formation de piété
virile depuis vingt-huit ans poursuivie dans nos groupes, qu'est surtout dû le courant
de renouveau catholique que nous sommes heureux de saluer. Courage donc et
confiance ! Depuis les fêtes des noces d'argent, nous sommes les modernes « tapissiers
de Notre-Dame », puisque les drapeaux de nos groupes, symboles de tant de victoires
cachées, ont pris la place, sous les voûtes de la vieille basilique nationale, des anciens
trophées cueillis sur d'autres champs de bataille. C'est « à nos drapeaux » que Jarry
lève son verre. Son allocution, si simple, mais si prenante, a été tout particulièrement
goûtée de l'auditoire qui fait au nouveau et si aimé vice-président une chaleureuse
ovation.

Cette ovation devient interminable, puisque **Souriac** s'est levé. Jeudi il nous dira son
programme. Ce soir, il veut être bref. Il nous parlera seulement de la « *discipline* »,
celle que nous devons d'abord « à nos maîtres à tous, auxquels va notre obéissance et
notre soumission respectueuse, le Pape, les évêques, nos aumôniers ». Souriac rappelle
les lettres des 78 cardinaux, archevêques et évêques de France qui, une fois de plus,
à l'occasion de notre pèlerinage, nous ont donné des preuves touchantes de confiante
affection ; il salue nos aumôniers nombreux parmi nous à Rome « pour bien attester
l'union profonde qui existe entre le clergé de France et sa jeunesse. Nous aurons
à cœur de leur rendre en zèle et en affection ce qu'ils nous donnent en charité et en
dévouement. »

Nous devons aussi la discipline à nos chefs de l'A. C. J. F. Souriac nous rappelle
combien nous étions étroitement serrés autour de Gerlier, ce chef qui fut incomparable,
parce que « l'amitié se dégage de toute sa personne pour venir prendre et saisir le cœur
de chacun de nous » ; c'est cette amitié entre tous les membres de l'A. C. J. F. qui permet
tout l'effort et tout le dévouement des chefs, c'est elle qui assure l'avenir de notre
Association, parce que tout notre esprit de discipline en découle. C'est donc à notre
discipline, sœur de notre amitié, que Souriac lève son verre et, par elles, au renouveau chrétien dans notre terre de France, pour le plus grand bien de l'Eglise et du
Peuple.

M. l'abbé **Corbillé** remercie les pèlerins des exemples de discipline, d'amitié, de
piété donnés par eux dès le début du pèlerinage. Ces exemples ont édifié, et notre
aumônier en a reçu l'écho partout, même et surtout au Vatican. Aussi de belles récompenses attendent-elles ici l'Association, qui repartira de Rome comblée de faveurs. La
meilleure, celle que nous aurions bien désirée : voir tous, de tout près, toucher le Pape,
ne peut nous être accordée : la saison, l'âge, l'état de santé du Saint-Père s'y opposent
formellement : nous ne pourrons avoir — du moins la plupart d'entre nous — qu'une
audience publique. Mais notre aumônier connaît nos sentiments et déjà en notre nom,
il a répondu que l'A. C. J. F. ferait généreusement pour la santé du Pape le sacrifice
demandé. Un tonnerre de bravos montre immédiatement à quel point notre aumônier
avait raison de compter sur nous pour l'acceptation joyeuse de ce sacrifice.

Mais les minutes ont passé avec rapidité. Voici déjà près de deux heures que nous sommes en séance, vivant avec charme de beaux instants d'amitié et d'enthousiasme. Il faut se séparer. Cette soirée délicieuse où tant de choses furent dites, et si bien, où nous sentîmes, tangible et réelle et vraiment vivante, « *l'âme de l'Association* », cette soirée touche à sa fin. Encore quelques avis de M. l'abbé Corbillé, encore des bravos, des ovations, des « *bans* », puis, dans la nuit, nous regagnons dortoirs et hôtels, joyeux et réconfortés, plus attachés encore que jamais à « la chère A. C. J. F. ».

Cl. abbé Guillaume

Pierre Gerlier portant la médaille « Bene Merenti »

Après la réunion tenue par les Orléanais. Les chefs de l'Orléanais entourant les présidents et l'aumônier général

II = A la Salle Pie : La Transmission des Pouvoirs

Jamais peut-être l'âme de l'Association n'a vibré avec autant d'intensité qu'à Rome le 25 septembre 1913, à la salle *Pia*, au cours de la splendide réunion qui suivit immédiatement l'audience pontificale.

Jamais il est vrai, dans l'histoire de l'Association, réunion ne se tint dans de telles circonstances. Nous étions à Rome, à l'ombre même, pourrait-on dire, du Vatican, encore enfiévrés des acclamations que, quelques minutes auparavant, nous faisions monter vers la personne du Pape ; nous nous retrouvions dans la fraternelle amitié de l'Association, mieux aimée puisque à nouveau bénie et approuvée, dans l'allégresse causée par l'assurance que nos efforts étaient connus, encouragés, que notre ligne de conduite était confirmée. Presque chaque phrase des premiers orateurs nous apportait une preuve nouvelle de la confiance de l'Eglise, de l'estime et de l'affection du Pape... de son « admiration » ! Nous pouvions crier bien haut notre amour et notre reconnaissance pour le Saint-Père, puisque nous possédions au milieu de nous, ému jusqu'aux larmes et souriant, le prélat qui L'approche le plus souvent et de plus près, et par lequel, nous le savions, Pie X connaîtrait le soir même les moindres détails de nos acclamations et de nos vivats. Enfin, nous voyions l'Association, à l'aube d'un matin plus glorieux encore que tous les matins déjà vécus, passer des mains d'un chef aimé aux mains d'un autre chef déjà aussi aimé. Seuls, les plus beaux moments des fêtes de nos noces d'argent, à la salle Wagram, au manège Saint-Paul, à Notre-Dame, peuvent donner une idée de ce que fut la réunion de la salle *Pia*.

La Salle — L'Auditoire — Nos Drapeaux à l'honneur

Dès avant cinq heures, l'immense salle est comble ; pas un coin, pas une chaise de libre ; aux douze cents pèlerins de l'Association se sont joints des camarades de la Jeunesse catholique italienne et des personnalités françaises de Rome. Les grands journaux de la capitale sont représentés. L'émotion de l'audience plane encore sur nous.

Un à un, cent seize de nos drapeaux viennent se ranger, forêt vivante et palpitante, dans le fond, sur les côtés et jusque sur les degrés de l'estrade où tout à l'heure prendra place le maître de Chambre de Sa Sainteté. On les reconnaît au passage, on les nomme ; chaque coin de salle, chaque groupe régional acclame le sien. Voici Saglio, portant le drapeau historique de l'Association, qui flottait au-dessus de nos têtes, tout à l'heure, à l'audience. Une ovation salue et le glorieux insigne et le sympathique porte-étendard. Jarry signale l'arrivée des représentants de la Jeunesse Catholique Italienne et les accueille en notre nom ; puis l'hymne à Jeanne d'Arc, une fois de plus, est entonné par nous. Nos vivats et nos acclamations l'interrompent pour saluer l'entrée de Mgr Ranuzzi di Bianchi, archevêque titulaire de Tiro, maître de Chambre de Sa Sainteté. Son Excellence prend place au fauteuil de la présidence, entourée de Mgr Odelin, vicaire général de Paris, de Gerlier, de Souriac, de M. l'abbé Corbillé, de M. Toussaint, de Robert de Roquefeuil, portant les insignes de chevalier de Malte. A leurs côtés, sur l'estrade ou aux premiers rangs des fauteuils : Mgr Vanneufville, le R. P. Roserot, du séminaire français, le commandeur Pericoli, président de la G. C. I., l'av. Paolo Croci et M. Cingolain,

président de la J. C. romaine, M. Onori et plusieurs autres membres de la « *Gioventù* »,
de Gailhard-Bancel, Jarry, les membres du Comité Général, les chevaliers des ordres pontificaux : de Saint-Aubert, de Gibon, Pagès, Coppin ; d'Esclaibes, camérier secret, les
présidents régionaux, un camarade mineur du Pas-de-Calais, en costume de travail,
sarreau de toile bleue et chapeau de cuir, etc.

L'adresse de l'A. C. J. F. — La réponse du Saint-Père

Gerlier prend la premier la parole, et assure tout d'abord S. Ex. Mgr Ranuzzi de
« la reconnaissance émue de l'A. C. J. F. pour l'honneur exceptionnel qu'Elle nous fait en
daignant venir au milieu de nous, et en nous donnant la double joie de la gratitude et
du respect ». Il lui présente « les hommages des jeunes de France qui n'oublient pas les
liens qui vous attachent à leur patrie ».

Notre président donne ensuite lecture de l'adresse de l'A.C.J.F au Saint-Père à l'occasion du pèlerinage et de la magnifique lettre par laquelle le Cardinal Merry del Val,
au nom du Pape, répond à cette adresse. Les principaux passages de ces deux documents
sont accueillis par de chaleureux applaudissements qui montrent d'abord notre entière
adhésion aux termes de l'adresse, notre reconnaissance émue, en second lieu, pour le
nouveau témoignage de confiance et d'affection paternelle qui nous est donné.

Discours de M. l'abbé Corbillé

Notre aumônier général succède à Gerlier. Il narre d'abord, en détail, l'audience que
nos deux présidents et lui eurent, ce matin, du Saint-Père, durant un long quart d'heure.
« J'ai parlé de vous à Pie X, je Lui ai dit votre filiale affection, votre dévouement sans
réserve, sans condition. Je Lui ai dit que la force de l'Association, c'était la confiance
du Pape, et je Lui ai demandé si, cette confiance, nous l'avions. Le Pape m'a répondu,
vous a répondu, par une lettre qui sera la consolation de tous les sacrifices que nous
avons pu faire. Jamais il n'a écrit pour nous paroles aussi bonnes, aussi douces, aussi
fortes. Écoutez ! »

D'un geste, la salle entière est debout, frémissante... et tout de suite, un silence s'é-
tablit... L'abbé Corbillé lit alors, lentement, pour qu'elles se gravent bien dans nos
mémoires, dans nos cœurs, tout grands ouverts pour les recevoir, les paroles écrites
pour nous, quelques heures auparavant, par le Pape, et où notre Père, notre chef nous
bénit parce qu' « obéissant aux directions pontificales... donnant à tous l'exemple d'une
conduite digne de qui suit vraiment Notre-Seigneur Jésus-Christ.. » Après avoir lu :
« A leurs chères familles et à toutes leurs œuvres », la voix de notre aumônier s'étrangle,
son émotion le domine, et il est obligé de s'arrêter quelques secondes avant de pouvoir
continuer, scandant les mots : « *en signe d'admiration et de gratitude...* » Ah ! les belles
minutes ! quel vent de fierté est passé sur nous à ce moment, qui nous a tous redressés,
électrisés, et par quelles juvéniles et reconnaissantes acclamations nous avons salué cet
hommage ! L'accueil fait à ces deux mots fut une des choses les plus émouvantes de cet
après-midi si rempli cependant de beaux moments ; ce fut d'abord, un temps imper-
ceptible, un frisson que l'on « entendit » réellement, puis un vivat immense qui se prolongea, mêlé aux applaudissements, en interminable ovation.

Comme l'abbé Corbillé a bien raison de poursuivre : « Nous avons travaillé pour
le Pape, nous avons souffert pour le Pape ; tous nos sacrifices sont compensés, toute

nos peines oubliées, puisque le Pape nous admire et nous remercie. » Et notre aumônier nous demande de jurer « d'être romains, comme le Pape, autant que le Pape, sous la direction du Pape ». Nos acclamations et nos bras levés prêtent ce serment. « Jurez-vous de vous dévouer, plus encore que par le passé ? — Nous le jurons ! »

. . . .

L'heure est maintenant venue de la transmission des pouvoirs. M. l'abbé Corbillé doit remplir un devoir très doux, remercier le président qui s'en va, saluer le président qui vient. Le drapeau de l'A. C. J. F. que Gerlier reçut en 1909 au lendemain du congrès d'Orléans, pendant quatre ans il le porta d'un bout de France à l'autre... et jusqu'au Canada. Quand il le reçut, ce drapeau avait déjà un long passé de gloire. Aujourd'hui, Gerlier nous le remet plus beau, plus glorieux, plus frémissant des conquêtes faites. Pendant quatre ans, il a été vraiment pour nous le *chef*, *l'inspirateur*, *l'entraîneur*, *l'âme*. (*Longs applaudissements. Cris de : Vive Gerlier !*)

L'A.C.J.F. a eu des présidents parfaits qui tous furent des chefs accomplis et lui firent honneur : Lerolle, aujourd'hui député de Paris, Bazire, le grand journaliste et le grand orateur catholique, Reverdy, écrivain délicat et ami charmant, de Roquefeuil, enfin, que nous avons la joie de posséder aujourd'hui au milieu de nous (*Ovation. Cris de : Vive l'ancêtre ! Vive Roquefeuil!*), « le fondateur de l'Association, le créateur de notre œuvre, l'ancêtre qui eut assez d'idéal pour la concevoir, assez de courage pour l'entreprendre, assez de bonheur, parce qu'assez de dévouement, pour la réaliser *(applaudissements)*, et qui doit être heureux de la voir aujourd'hui aussi belle, aussi nombreuse, aussi prospère.

Après tous ceux-là, Gerlier a pu encore être « le chef d'A. C. J. F. ». « Il semble que le Bon Dieu l'ait créé exprès pour ce rôle ; il lui a donné tout ce qui séduit, charme, entraîne...

M. l'Abbé Corbillé
Aumônier général de l'A. C. J. F.

Doisen phot.

Il est le chef *irrésistible*. Il a été et il demeure surtout le chef *aimé*. » (*Enthousiastes applaudissements.*)

« De cette affection, Gerlier recueillit souvent les marques durant sa présidence, et il put en sentir tout le prix, récemment, au cours d'une bien douloureuse épreuve, où elle fut un baume pour son cœur déchiré de fils aimant. »

Notre aumônier dit ensuite sa joie d'avoir eu à commencer l'exercice de sa charge sous la présidence de Gerlier, envoie un souvenir ému et reconnaissant à son prédécesseur, M. l'abbé Tournade, puis félicite le président sortant d'avoir toujours maintenu l'Association « *dans la ligne* », intégralement catholique, exclusivement catholique, au-dessus et en dehors des partis, dans le labeur fécond de l'action religieuse et de l'action sociale, dans les traditions, l'esprit et les méthodes de l'A. C. J. F.

Gerlier reçoit la Médaille
« Bene Merenti »

Pour tout cela Gerlier devait être remercié. Mais il fallait qu'il le fût d'éclatante façon. C'est ce qu'a pensé le Saint-Père, qui, déjà, au lendemain des fêtes des noces d'argent, lui conférait le titre de chevalier de Saint-Grégoire le Grand. Le Pape, aujourd'hui, veut lui donner une distinction toute particulière, octroyée seulement et très rarement aux éminents défenseurs et serviteurs de l'Eglise ; et M. l'abbé Corbillé lit la lettre, saluée d'acclamations, par laquelle S. E. le Cardinal Secrétaire d'Etat annonce que notre président sortant reçoit la médaille d'or « *Bene Merenti primi ordinis* ».

Mgr Ranuzzi di Bianchi se lève, et, devant la salle entière, debout, qui applaudit sans discontinuer, sous la voûte de nos drapeaux, soudain dressés puis inclinés, épingle sur la poitrine de Gerlier la médaille, à l'effigie du Pape régnant, attachée à un ruban jaune et blanc.

Felici phot.

**S. Exc. Mgr Ranuzzi di Bianchi
Maître de Chambre de Sa Sainteté**

Quand l'émotion soulevée par cette cérémonie s'est calmée, M. l'abbé Corbillé ajoute que, quand la lettre du Cardinal lui fut remise par Mgr Canali, ce prélat lui fit ressortir tout le prix de cette distinction, accordée seulement à ceux qui servent effectivement et d'une façon exceptionnelle la Papauté ; la première classe n'est conférée qu'à des catholiques tout à fait éminents et à de très grands personnages ; les deux derniers titulaires sont S. M. la reine d'Espagne et une archiduchesse d'Autriche.

Il est superflu, pense notre aumônier, de commenter le geste du Pape et les flatteuses paroles de S. E. le cardinal Merry del Val : nous ne pouvons que nous en réjouir. Puis, par une touchante attention, il associe notre joie à celle de Mme Gerlier, la mère de notre président, « dont celui-ci est la consolation et l'orgueil, et à qui, dès ce soir, il veut, en notre nom à tous, envoyer l'hommage de nos respectueuses félicitations, et... j'allais dire *de notre filiale reconnaissance* (*cris : oui, oui, bravos*), car c'est à elle que nous devons tout ce que notre chef nous a donné de cœur, de talent et de piété. » (*Longue salve d'applaudissements*).

Le Salut à Souriac

Après avoir dit « au revoir » à Gerlier, M. l'abbé Corbillé se tourne vers Souriac, bien digne vraiment de lui succéder, puisqu'il possède toutes ces belles qualités qui font les chefs et qu'il tient en bonne partie de son origine méridionale et de ses premières armes à l'A. C. J. F. dans l'Union régionale du Midi : le ferme jugement et la sûreté de doctrine, la sympathie, la chaleur d'âme et de parole, le dévouement joyeux.

Cette transmission des pouvoirs, tout près du Pape, à l'ombre du Vatican, est une affirmation que tout part de Rome et y revient.

Souriac aura, pour l'aider dans sa tâche, toute la confiance, tout le dévouement que l'Association a eus pour Gerlier : il aura aussi l'appui et le secours de celle à qui doit aller ce soir le respectueux hommage de reconnaissance de l'A. C. J. F. « pour ce qu'elle a fait dans le passé, et pour ce qu'elle consent pour l'avenir ». (Une respectueuse ovation est faite à Mme Souriac qui se trouve dans les premiers rangs de l'assistance, entourée de quelques dames ayant prit part au pèlerinage).

Souriac aura surtout, pour l'aider, la bénédiction du Pape qui, ce matin, laissait reposer sa main sur sa tête, répondant : « *Oui, mon fils, je le sais et je vous bénis* », à la nouvelle assurance qui lui était donnée par notre président que l'Association serait demain ce qu'elle avait été hier. Et, après avoir rappelé le joli mot de Bazire : « Gerlier, c'est le rayon, Souriac, c'est le sourire », notre aumônier s'écrie en terminant : « Je bénis le passé, je salue l'avenir. Celui-ci sera plus beau encore parce qu'il s'ouvre à Rome, sous la bénédiction du Pape, qui est pour nous le sourire du Bon Dieu », et il donne à Gerlier et à Souriac une longue accolade au milieu des acclamations de toute la salle transportée.

Discours de Pierre Gerlier

Comment redire, comment essayer de rappeler seulement ce que furent les instants qui suivirent pendant lesquels Gerlier laissa déborder son cœur? Une fois de plus, il nous donna les trésors, non seulement de sa merveilleuse éloquence, mais surtout de son cœur aimant et dévoué, de son âme d'apôtre.

Debout, grave, un peu pâle peut-être, entouré de nos drapeaux frémissants, écoutant, nous dit-il, « des battements de son cœur qu'il ne connaissait pas », il veut *remercier*, rien que cela...

« Merci pour les luttes menées ensemble pour l'Église, pour le Pape, pour la Patrie, pour le Peuple... Merci pour tous les dévouements, pour toutes les abnégations, pour tous les héroïsmes cachés.

«... Merci à tous les soldats obscurs qu'on ne décore pas, mais qui ont mérité la décoration qu'on vient de poser sur ma poitrine... Merci à cette admirable armée où tous les soldats mériteraient d'être des généraux...

«... Merci pour l'affection témoignée, et dont, plus que jamais, j'ai senti la douceur à l'heure récente où il a plu à Dieu de briser mon cœur par le plus douloureux déchirement... Merci à nos drapeaux pour tout ce qu'ils portent dans leurs plis

Doisen phot.

Pierre Gerlier
Président d'honneur de l'A. C. J. F.

d'efforts, de succès, de victoires... Merci aux jeunes qui viennent, aux anciens qui vont partir... Merci à ceux qui furent nos fondateurs, nos premiers chefs, Albert de Mun, Robert de Roquefeuil... Merci à vous, notre cher aumônier... je n'ai jamais aussi parfaitement senti combien il est juste — en dépit des lois scélérates — de vous appeler « *mon père* ».

Ceux qui connaissent bien Gerlier pourront seuls imaginer comment fut développé ce thème et par quelles ovations furent, vingt fois, interrompues ses paroles.

« Je n'ai pas de consigne à vous donner, continue Gerlier, Souriac est là... », et avant de l'étreindre fraternellement et de voir en ses mains le drapeau de l'Association que doit lui remettre notre aumônier, il salue son successeur sous les ordres duquel nous resterons « fidèles au Pape, fidèles à nos Évêques, fidèles à l'Association et à son magnifique programme d'action religieuse et sociale ».

« Je vous envie, nous dit-il en terminant, de reprendre votre travail sous la présidence d'un chef que le Pape a béni. Quant à moi, mon cher Souriac, je ne sais quelle est la meilleure : la joie de vous avoir eu pour collaborateur ou la fierté d'être aujourd'hui votre soldat. »

Discours d'Alexandre Souriac

A son tour, Souriac est debout devant nous et nous parle, la main droite appuyée à la hampe de notre drapeau. Il nous remercie tous, présents et absents, et nous dit qu'il ne peut y avoir de plus grand bonheur et de plus grand honneur que d'être notre chef. Il sait, en effet, pour l'avoir vu de près depuis douze années,

Doisen phot.

Alexandre Souriac
Président général de l'A. C. J. F.

tout ce que l'Association contient de dévouement, de travail, de labeur : « Oui, on peut être fier de commander un régiment tel que le vôtre ! »

Mais cette fierté n'empêche point notre nouveau président de se sentir confus, sous le poids de la charge qui pèse maintenant sur ses épaules et qui fut confiée auparavant à des chefs dont il est si difficile d'être le successeur. Souriac tout au moins « nous donnera toute son affection, toutes ses forces, tout son dévouement, et ne se plaindra jamais de notre indiscrétion à y faire appel ». Soutenu par notre amitié et notre collaboration, aidé par nos prières, confiant dans les grâces puisées à Rome, ayant trouvé une force nouvelle dans la bénédiction du Pape et les encouragements de la lettre du Cardinal Merry del Val, il espère qu'avec le secours de Dieu il pourra remplir la mission à lui confiée car « quand on reçoit le drapeau de l'A. C. J. F. à Rome, au milieu de tels témoignages de la confiance du Pape, on ne peut qu'être au Souverain Pontife et à l'Église, à la vie, à la mort ». (*Chaleureux applaudissements*).

Dans sa tâche quotidienne, d'ailleurs, Souriac sait qu'il sera soutenu par la fidélité, dont il voudra donner à tous l'exemple, aux directions de notre Episcopat, et il dépose entre les mains de Mgr Odelin, représentant de S. E. le cardinal Amette, la promesse solennelle de cette fidélité. Il sait qu'il sera aidé par l'aumônier de l'Association, par les anciens présidents, et parmi ceux-ci, avec plus d'affection et plus d'émotion, il salue Gerlier auquel le rattachent tant de liens d'amitié et de collaboration commune, Gerlier qui, avec humilité, a bien voulu tout à l'heure nous attribuer l'honneur d'avoir mérité la médaille qu'il portait. Et il ajoute : « Permettez-moi de vous dire, mon cher ami, que l'Association ne l'eût pas méritée si vous n'aviez pas été à sa tête. » (*Vifs applaudissements.*)

Et maintenant, c'est un appel que nous adresse Souriac et son programme qu'il développe. Sa voix, grave et émue tantôt, s'affermit maintenant, devient mâle, claironnante, vibrante. Ses accents trouvent rapidement le chemin de nos cœurs, et nos bravos, nos applaudissements, nos ovations répétées lui montrent vite combien est cordiale notre adhésion et complète notre fierté de l'avoir pour chef.

Il nous convie à la conquête. « Nous chercherons à conquérir les jeunes de France par la netteté et la plénitude de notre affirmation catholique. Notre conquête sera de tous les instants et dans tous les lieux, parce que c'est partout que se trouvent des âmes qui n'ont pas encore entendu notre appel : dans les universités, les collèges, les ateliers, aux champs, au magasin, à l'usine. De plus en plus, nous convierons nos contemporains à se joindre à nous pour la piété, pour l'étude et pour l'action. »

Il nous convie aussi à *la lutte*, « lutte contre toutes les suggestions de l'égoïsme; contre toutes les erreurs du matérialisme, de l'individualisme, du modernisme, à la lumière des enseignements Pontificaux »; il nous appelle à *l'action*, sous sa double forme religieuse et sociale, n'oubliant pas, suivant le conseil du cardinal Billot, que si les institutions sociales ont leur importance, elles ne sauraient avoir leur pleine efficacité sans la réforme des âmes par la vérité intégrale : « Nous pénétrerons dans tous les milieux où l'on souffre pour y réapprendre à ceux qui l'ont oublié, non la *vieille chanson* dont parlait le tribun socialiste, mais le merveilleux cantique de l'amour chrétien qui seul peut permettre l'apaisement social et le relèvement du pays. » (*Longs applaudissements.*)

Nous travaillerons aussi pour la France bien-aimée ! Avec quelle émotion Souriac nous parle de la Patrie ! avec quelle émotion il salue ce drapeau qui le frôle, « symbole à la fois de l'Église et de la France ; de la France dont il porte les couleurs, de l'Église, puisque son étoffe reçut deux fois le baiser des lèvres saintes de Léon XIII et de Pie X » !

Nous conviant à une tâche nationale et sociale, Souriac ne pouvait oublier de nous donner en exemple le grand catholique et le grand français qu'est notre fondateur le Comte Albert de Mun. On devine par quelles ovations fut salué ce nom si vénéré à l'A. C. J. F.

Dans une magnifique péroraison, Souriac nous montra nos efforts aboutissant, par la paix sociale, à la grandeur de la Patrie et à la fécondité du travail national. « Cette réconciliation nationale, ajouta-t-il, nous travaillerons à la couronner par une autre : la réconciliation officielle de notre patrie avec l'Église ! » (*Bravos prolongés.*)

Puis un bref dialogue s'engage entre celui qui est désormais le chef et ceux qui représentent tous ses régiments, tous ses bataillons : « Demain, puis-je compter sur vous ? ? — Oui ! Oui ! mille fois répétés. — Criez avec moi : Vive le Pape ! Vive la France ! »

Et c'est ainsi dans une immense acclamation où nous unissons notre amour pour la Patrie et notre amour pour l'Église et son chef que le nouveau président général de l'Association prend possession de son commandement.

Le Témoignage des Anciens

Il nous fut d'abord apporté par Robert de Roquefeuil, parlant au nom des quatre premiers présidents de l'A. C. J. F. Il rend à Pierre Gerlier cet hommage qu'il a bien maintenu « *la ligne* » tracée voici vingt-huit ans déjà par les six fondateurs. Leur geste, en 1886, était une « *folie* ». Leur vœu cependant s'est accompli et leur œuvre de jeunes a vécu vingt-huit ans. Elle a toujours prospéré. Gerlier lui a donné une force et une vigueur nouvelles, qu'il en soit mille fois remercié. Souriac s'apprête à la conduire avec autorité et douceur dans ses luttes pour l'Eglise, pour la France, pour le Peuple, les anciens qui le connaissent ont confiance en lui.

Et « *l'ancêtre* » dit tout cela avec infiniment de simplicité, mais avec une telle gravité et une émotion si profonde que nous avons tous les larmes aux yeux. « Ayez l'âme conquérante, nous dit encore Roquefeuil, et n'attendez la conquête que de la discipline. Mes chers amis, confiance et courage ! Je ne suis pas fier de mon œuvre, mais je suis fier de vous ! »

M. Toussaint prend le dernier la parole, au nom de l'Œuvre des Cercles et du comte Albert de Mun, ... en son nom personnel aussi, s'empresse-t-il d'ajouter quand il a rempli sa « mission officielle». Il n'a parlé qu'une minute, mais il a tout dit, puisqu'au nom de sa génération il nous a crié : « Nous vous remercions et nous vous aimons. »

« Oremus pro Pontifice nostro »

Les heures ont passé, rapides. La nuit est venue, et avec elle, la fin d'une inoubliable journée... Un chant s'élève : « *Oremus pro pontifice nostro Pio* »... et toute l'A. C. J. F. reprend en chœur la prière pour le Pape comme la peuvent seulement psalmodier à Rome, après tout ce qu'ils ont vu, éprouvé, senti, vécu, depuis le début de leur séjour dans la Ville Eternelle, douze cents jeunes Français catholiques, à qui le Pape vient de dire qu'il les admire et qu'il les remercie.

« Excellence, s'écrie l'abbé Corbillé, dites au Pape ce que vous avez vu ici !» Mgr Ranuzzi di Bianchi promet avec une parfaite bonne grâce, puis il remercie et se lève pour nous bénir.

Une dernière fois éclate le chant à l'*Etendard*, puis la salle se vide peu à peu, et les groupent se hâtent dans l'ombre, vers Sainte-Marthe, vers les hôtels, le long du Tibre, suivant le *Borgio Vecchio*...

« Jeudi, 25 septembre 1913. » Aucun des douze cents n'oubliera cette date.

III - Les Rencontres
avec la Jeunesse Catholique Italienne

La participation de notre ami Onori au punch-meeting de Sainte-Marthe, la présence des membres du Comité directeur de la « *Gioventù cattolica italiana* » dans toutes les cérémonies officielles du pèlerinage et en particulier à l'audience solennelle et à la transmission des pouvoirs avaient marqué nettement la communauté d'efforts des

Commandeur Paul Pericoli
Président de la Gioventù cattolica italiana

deux associations, qui, dans leurs patries respectives, travaillent suivant le mot d'ordre du Souverain Pontife à restaurer toutes choses dans le Christ. Mais les jeunes catholiques italiens ne s'en tinrent pas là dans la manifestation de leur sympathie à l'égard de l'A. C. J. F.

Le 24 septembre, le Comité Central de l'Association de la Jeunesse Catholique Italienne avait l'aimable attention d'inviter à un dîner amical les membres du Comité général de l'A. C. J. F. M. le Commandeur Pericoli, président de la G. C. I., reçut nos camarades. entouré de M. l'abbé Lardi, assistant ecclésiastique (aumônier) du Conseil régional du Latium, de M. Cingolani, président de la Fédération romaine, et de membres du Comité.

Par une délicate pensée, chacun des Français trouva sur sa serviette une élégante petite boîte renfermant l'insigne de la Gioventù ; détachant de leur boutonnière la Croix de Malte blanche et bleue, ils l'offrirent chacun à leur voisin de table, et ce cordial échange illustra les paroles des présidents italien et français, qui, dans des toasts très goûtés, montrèrent les deux Associations poursuivant, dans une émulation de zèle, la même œuvre de rénovation chrétienne et sociale.

Le lendemain soir, le Comité de l'A. C. J. F. recevait à son tour la G. C. I. Dans l'intervalle, nous avions changé de président, et cette fois ce fut à Souriac de saluer nos hôtes; de Roquefeuil et de Gailhard-Bancel portèrent aussi des toasts, et l'on eut le plaisir d'entendre à nouveau M. Pericoli, puis MM. Cingolani et Onori.

Entre les représentants des deux Associations, la conversation se poursuivit fort animée, les deux soirs, car nos amis Italiens — qui parlent tous le français — prennent à nos efforts le même intérêt que nous portons aux leurs. Puis il y a déjà bien des souvenirs communs aux deux Associations; ils furent évoqués avec plaisir, comme seront évoqués plus tard ceux que nous ont laissés les soirées du 24 et du 25 septembre 1913.

Cl. Chantrel
La Fontaine de Trévi

A TRAVERS ROME

Comme les cloches de Pâques qui, selon la gracieuse légende de notre enfance, s'envolent à Rome pendant trois jours et au retour lancent dans l'air léger du printemps les plus gais et les plus vibrants de leurs carillons, il semble que nos âmes, au retour de Rome, rendent, elles aussi, un son nouveau, à la fois plus clair, plus profond et plus pur. Cette harmonie exquise, faite de toutes les émotions qui nous ont remués, de toutes les joies qui furent nôtres dans ces trop courtes journées, chacun de nous l'entend retentir au fond de lui-même, et voudrait en garder indéfiniment l'écho dans son cœur.

Cl. abbé Guillaume

Devant Sainte-Marthe — Départ des voitures pour les promenades

En haut : Les compagnons de toutes nos sorties

Cl. abbé Bénard

Sur la terrasse de Saint-Pierre-in-Montorio

Par quoi commencer ? Évoquerons-nous d'abord ce cortège si gai qui, chaque jour, vers deux heures, se formait à la porte de nos hôtels : la longue file de ces 250 corricolos qui, montant et descendant les sept collines (et les autres), au trot patient de leurs petits chevaux nous menèrent intra et extra-muros, partout où un grand souvenir appelait notre piété ? Rappellerons-nous les explications si vivantes, parfois émaillées d'une pointe d'humour, des guides attachés à notre caravane et sensibles à la beauté des choses comme tous les Italiens ? Dirons-nous la physionomie des vieux quartiers de Rome, le laisser-aller gai et vivant de ce peuple qui est chez lui dans la rue, peuple qui ne manque au demeurant ni de ligne ni de couleur, et a gardé de ses ancêtres des temps héroïques une certaine noblesse d'expression et d'attitude ?

Parlerons-nous aussi de la Rome nouvelle où le nationalisme triomphant a voulu dépasser à la fois la Rome antique et la Rome des Papes, et n'est arrivé qu'à faire du « kolossal » à la manière allemande, boursouflure prétentieuse qui trouve dans cette gigantesque « *pièce montée* » qu'est le monument de Victor-Emmanuel sa plus parfaite expression ? Tout cela mériterait sans doute mieux qu'un mot pour mémoire, cependant il semble bien que lorsque le temps aura fait son œuvre de mise au point, tout

Arc de Constantin

cela passera à l'arrière-plan de nos souvenirs et qu'au premier resteront, avec les beaux panoramas qu'on embrasse du Pincio et du Janicule, les souvenirs antiques avec le Colisée, le Forum et le Palatin, ceux de la Renaissance, avec les Musées du Vatican et la Sixtine, enfin et surtout ceux des martyrs et des apôtres avec les basiliques, Saint-Pierre et les Catacombes.

Quelle plume pourrait décrire le charme et la poésie intenses de cette Rome vue de la terrasse de Saint-Pierre-in-Montorio par une belle après-midi d'automne ! De là le regard la saisit tout entière, la Ville Eternelle, avec ses trois cents églises, avec, au premier plan, la gracieuse colline de l'Aventin au pied de laquelle le Tibre roule ses eaux limoneuses, puis, plus à gauche, le campanile qui marque l'endroit où fut le Capitole, — et les ruines rousses qui se dressent sur le Palatin, — vers la droite, plus loin encore, les saints de marbre qui couronnent Saint-Jean de Latran, et encore et partout

Les Pèlerins autour du Colisée

Les ruines du Palatin

Cl. Auger

Cl. abbé Viossat

Palais de Caligula au Palatin

des monuments, les arcs de triomphe de Sévère et de Titus, les ruines des thermes gigantesques de Dioclétien et de Caracalla, toute l'antiquité païenne, toute la Rome chrétienne, — et, majestueuse plus que toutes parmi tant de majesté, la gigantesque coupole de St-Pierre. Ainsi Rome repose, consciente de sa force et de sa beauté, baignée d'une lumière blonde, transparente, quasi-idéale, qui dore toutes les façades, adoucit tous les tons ; elle repose au milieu d'un imposant cercle de montagnes, aux nobles contours, si éloignées et qui paraissent toutes proches tant l'atmosphère est fluide et légère. On reste confondu devant un tel spectacle, les mots manquent et l'on ne peut que redire avec Taine : « Oui, vraiment, cela est beau. » Et cependant, plus saisissant encore peut-être est le spectacle vu du sommet du Pincio, à l'heure où le soleil décline. Alors, dans la chute du jour, les lumières s'adoucissent, les contours s'estompent, sur le ciel et sur la nature passent les plus changeantes et les plus subtiles harmonies de nuances tour à tour mauves, violettes et roses ; puis, tout se fond par d'imperceptibles « decrescendo » jusqu'au moment où, dans la nuit presque tombée, il ne reste plus de visible à l'horizon, sur un ciel de cuivre et de feu, que le dôme de St-Pierre auquel le soleil couchant fait la plus magnifique des auréoles, « *lumen in cœlo* ».

Et que dire des souvenirs antiques, que dire de ce Forum grand comme le Champ de Mars d'une de nos petites villes de province, et où s'entassèrent tous les vestiges de la gloire romaine : ici, le vieux temple des vestales ; là, les Rostres d'où les

Cl. Dubois

Intérieur du Colisée

orateurs s'adressaient à la foule ; et cette étroite Via Sacra où passèrent dans le cortège des Césars victorieux les vaincus de tous les peuples du monde ! Tout près, le Palatin, amoncellement de ruines, lui aussi, où des fouilles intelligentes mettent encore aujourd'hui chaque jour à nu de nouveaux débris des splendeurs antiques. Nous avons remué toute cette poussière, nous nous sommes assis dans le triclinium de l'empereur Auguste ; nous avons tourné au coin de ce couloir obscur où les conjurés attendaient pour le massacrer le sinistre Caligula ; toute l'histoire romaine de notre enfance, avec ses gloires et ses turpitudes, nous est devenue soudain sensible. Mais nulle part cette impression n'a été plus forte que dans l'immensité du Colisée. Ah ! s'arrêter là, au milieu de cet amphithéâtre gigantesque dont aucune description ne peut donner l'idée, et dont les six étages de voûtes

Sous l'Arc de Septime-Sévère au Forum

superposées semblent défier les siècles ; y revoir un instant par la pensée tous ces gradins envahis par ce peuple romain qui ne vivait plus que pour le spectacle de ces jeux cruels, songer que là même où nous sommes, les empereurs possesseurs de la puissance la plus absolue qu'il y eut jamais par le monde avaient résolu de faire disparaître par les supplices jusqu'au souvenir du nom chrétien, que cette terre est imprégnée du sang de milliers de martyrs, nos ancêtres dans la foi... quelle leçon d'histoire sans doute, mais aussi quelle leçon d'énergie ! Et de quel cœur nous les avons priés, ces martyrs, dans ce lieu même de leur gloire, de nous donner le courage de combattre dans nos petites luttes d'aujourd'hui, qui sont, hélas, à notre mesure, comme celles d'alors étaient à la leur !!

Il faudrait demeurer longtemps à contempler les beautés artistiques du Vatican. A peine eûmes-nous le loisir de les voir, et cependant, celui-là ne sait pas tout ce que le génie humain peut exprimer de grandeur et d'énergie par la représentation du mouvement, qui n'a pas vu l'admirable plafond de Michel-Ange, plus beau encore que son Jugement dernier ; celui-là ne sait pas la beauté d'un ensemble où tout est harmonie, pensée, dessin, coloris, où la grâce des attitudes se trouve unie à la vérité de l'expression et à la noblesse de l'idée, qui n'a pas vu les grandes fresques de Raphaël, sur-

Sur le Forum   Cl. Guérin
La Fontaine des Vestales — Au fond le Capitole

tout l'Ecole d'Athènes et la Dispute du Saint-
Sacrement : celui-là n'a qu'une faible idée de
la sculpture antique qui n'est pas entré dans
cet admirable Belvédère où chaque arcade
abrite un chef-d'œuvre. On voudrait pouvoir
amener là un des pauvres êtres qui, de bonne
foi, parlent de l'*obscurantisme* religieux, pour
lui demander si jamais souverain laïque aima,
cultiva et protégea les arts plus que cette
Papauté, à laquelle on doit l'épanouissement
de génies comme Bramante, Raphaël et Michel-
Ange.

Mais nous avons hâte d'arriver aux souvenirs chrétiens, non pas sans doute que les
basiliques romaines soient du premier coup

Cl. Auger — Cl. Leblond

Au Forum

accessibles à notre tempérament français. Habitués à l'austère majesté de nos cathédrales
de pierre, dont le reflet multicolore des vitraux est la principale parure, nous sommes
d'abord un peu déconcertés devant ces édifices immenses, dont souvent les façades ou
portiques seuls sont décorés extérieurement, mais qui resplendissent à l'intérieur de tout
le faste que peut concevoir l'inépuisable imagination italienne. Colonnes de marbre
empruntées aux temples antiques et chargées de dorures, revêtements de marbre poly-
chrome de l'effet le plus varié et le plus riche, sculptures magnifiques où les Michel-
Ange, les Bernin, les Canova rivalisent de génie, tableaux signés des plus grands noms
de la Renaissance, mosaïques, pierres précieuses, tout ce que la nature offre de rare, tout
ce que les ressources de l'art le plus complet qui fut jamais permettent d'employer, est ici

Cl. Guérin

Forum. Allée des Vestales — Basilique de Constantin

mis en œuvre pour chanter dans la lumière et la clarté un hymne à la gloire du Très-Haut. Quelle idée l'on prend et l'on garde du rôle civilisateur de l'Eglise quand on voit ainsi tous les artistes, tous les penseurs de l'époque la plus féconde en chefs-d'œuvre de l'humanité rivaliser ainsi de génie en l'honneur du Dieu de nos autels. Et cependant, plus touchants que les plus belles décorations, que les tableaux les plus réputés, sont les souvenirs que ces basiliques offrent à notre vénération.

A Sainte-Cécile du Transtévère, où reste encore

Cl. Guérin
Basilique de Saint-Paul-hors-les-Murs

Cl. Chantrel
Basilique de Saint-Laurent-hors-les-Murs

intacte l'ancienne demeure de la Sainte, nous sommes entrés dans le « tepidarium » où la douce martyre fut enfermée pour y être étouffée par la vapeur d'eau. Après un jour et une nuit passés dans un air de feu, elle respirait librement. On envoya alors un licteur chargé de lui donner le coup mortel. Trois fois il la frappa de l'épée ; puis il se retira, la laissant baignée dans son sang. Elle vécut encore pendant trois jours entourée des chrétiens... Une statue, un chef-d'œuvre, la représente gisante à terre comme un beau lys fané ; sur son cou délicat le glaive du bourreau a laissé une légère empreinte, et son doigt étendu essaye encore de tracer sur le sol le mot « Credo »...

Dans le noir souterrain de la Prison Mamertine, nous avons posé nos lèvres sur la colonne où furent attachés Saint-Pierre et Saint-Paul, où ils convertirent leurs geôliers, et trempé nos doigts dans cette fontaine qui jaillit du sol lorsque Saint-Pierre demanda à Dieu de l'eau pour les baptiser.

Au Latran, nous avons

Cl. abbé Viossat
Panorama sur les Musées et les Jardins du Vatican

vénéré le bois auguste de la table où fut servi le banquet eucharistique ; nous nous sommes arrêtés dans la modeste chapelle du « Quo Vadis » élevée à l'endroit où le Seigneur fit rebrousser chemin vers Rome à Pierre qui fuyait la persécution menaçante.

Aux pieds de Jeanne d'Arc, dans notre église nationale de Saint-Louis des Français, nous avons salué les glorieux zouaves pontificaux de chez nous, morts pour le Pape, dont les plaques apposées dans l'église conservent le souvenir. Au Campo Verano, nous avons prié sur leur tombe, qui a mérité la gloire des insultes maçonniques gravées sur la

Cl. Hélot

Achat et dégustation d'un melon
par le compartiment 74 du train B

pierre, au pied de leur monument, pour montrer à quel degré de bassesse la passion anticléricale peut conduire.

Enfin, dans Saint-Pierre de Rome, il nous fut donné de chanter notre *Credo*, si imposant et si solennel en un tel lieu. Mais plus émouvant peut-être fut celui qui jaillit spontanément de nos lèvres dans la catacombe de Saint-Calixte. Parmi ces immenses couloirs sombres où, pendant des années, le christianisme dut mener une existence précaire et toujours menacée, où reposèrent les restes mortels de tant de martyrs connus ou inconnus, dans ces asiles souterrains où s'élabora tout ce qui est notre Société actuelle, véritable creuset d'où devait sortir le monde chrétien, dans cette cité de douleur, de gloire et de beauté, quel caractère prenait cette affirmation de notre foi ! Elle disait que, plus encore que les triomphes de l'Eglise qu'évoquent les pompes de Saint-Pierre, ses

Cl. Chantrel

Luxueuse devanture de boucherie
sur la Voie Appienne

souffrances, ici si vivantes, parlent à nos jeunes énergies; elle disait que, pour indignes que nous soyons, nous ne voulons pas déchoir de ceux qui furent nos ancêtres dans la foi, et qu'une fois de plus à seize siècles de distance, l'exemple des saints aura produit en nous un renouveau d'activité chrétienne. « *Sanguis martyrum semen christianorum* ».

Le Tibre au pied du Château Saint-Ange   Cl. Guérin

Dans la cour St-Damase, en attendant la venue du Saint-Père

Felici, phot.

Cl. Tiberghien.
Au Colisée. D'Esclaibes, Gerlier, Souriac.

Au milieu
des Pèlerins

Le compte rendu du pèlerinage de la Jeunesse Catholique ne serait pas complet si l'un de ses historiographes ne quittait le poste de l'observation — qui oblige à voir d'un peu loin la réalité afin d'en mieux saisir l'ensemble — pour se mêler familièrement aux rangs joyeux de nos pèlerins, y noter les gestes, y recueillir les mots échappés à l'enthousiasme ou arrachés à l'émotion, y surprendre des attitudes, des abstentions, des actes qui n'auraient eu qu'une portée limitée s'ils étaient restés individuels, mais qui, en devenant collectifs, en se retrouvant en même temps chez tous, donnaient au pèlerinage une physionomie vraiment particulière.

En Wagon

C'est par le wagon qu'il faut commencer la promenade. Pauvres wagons ! La presse n'a daigné les connaître dans ses comptes-rendus que pour évaluer le nombre de voyageurs qu'ils déversèrent à Rome, les 21 et 22 septembre sur les quais de la « Stazione Termini ». Mais ils méritent bien une mention spéciale pour avoir été le cadre de cette intimité charmante qui pendant toutes les étapes d'un long voyage n'a cessé de régner entre les pèlerins. Ils ont tout entendu, les bons wagons — sauf une parole d'aigreur ou un mot déplacé. — Ils ont entendu des saillies d'esprit et des confidences d'amis, heureux de mettre en commun leur saine gaieté ou leurs pensées d'apostolat ; — nos cantiques populaires s'il s'agissait de préparer la splendeur des cérémonies de Rome, ou des chants patriotiques lorsque la plaque, rapidement entrevue, d'une gare portait fièrement le nom de « Solférino » ; — ils ont entendu trois fois le jour la récitation des prières qui transformaient chaque compartiment en un petit chapitre de moines très fervents, et très souvent de bon matin le murmure des confessions. Car on pensait même en wagon à la communion prochaine. Communier ? En voyage ? Après des nuits sans sommeil et à des messes souvent tardives ?

« C'est que nous tenions à la communion », répondait un des pèlerins. Ah ! certes ils y tenaient. On l'a bien vu à Spiez, à Florence, ailleurs encore.

Spiez est une petite ville entièrement protestante : il n'y a là qu'une chapelle à quelque distance de la gare. L'un des aumôniers pourra seul y célébrer la messe. La nouvelle a circulé dans les compartiments. Et, sans tenir compte de la fatigue et de la faim, un bon nombre des voyageurs remplissent le modeste sanctuaire et s'unissent aux aumôniers pour recevoir l'aliment divin des voyageurs « panis viatorum ».

A Florence, le programme du pèlerinage annonce une Messe de communion, à l'arrivée du train. Les dernières heures du trajet se passent en préparation ; enfin on s'arrête une fois encore, sans doute pour permettre à un Buffet de faire, sur les quais de

la gare, une exposition des plus alléchantes pour des jeunes gens fatigués d'une nuit de
voyage ; les sirops sont versés à l'avance, des fruits savoureux semblent vouloir concur-
rencer le prosaïque chocolat ou le café au lait, pourtant escortés des traditionnels croissants. Et voilà qu'au grand ébahissement des garçons qui multiplient les plus chaleureuses
invitations, des employés de la gare qui n'en croient pas leurs yeux, personne, absolument personne, ne prend la moindre nourriture ou le moindre rafraîchissement. Tous
attendaient avec une sainte impatience, que ne lassaient pas les retards du train, la céleste
rencontre promise à l'église « della S. S. Annunziata ».

Cette participation collective au banquet eucharistique, jusqu'au milieu des circonstances les plus défavorables, laisse deviner la joie chrétienne que l'on éprouvait à vivre
ensemble et combien était juste cette remarque d'un des heureux voyageurs : « le lien
qui nous unissait était tout surnaturel. » Et parce qu'on s'aimait, on désirait se voir :
d'un wagon à l'autre, d'un bout du train à l'autre on fusionnait, ici avec l'Algérie, là avec
le groupe compact des Bretons, ailleurs avec Pithiviers et les vingt pèlerins de son groupe
de collège. Et on passait, serrant une main, plaçant un mot, entamant une conversation
qu'interrompt souvent un incident de route : l'arrivée sur les bords du Lac Trasimène
qui fournira aux « bons élèves » l'occasion d'évoquer le souvenir des légions d'Annibal,
ou l'apparition rapide au-dessus des têtes de ces vieilles cités italiennes Chiusi, Orvieto
et tant d'autres demeurées immuables au sommet de leurs rochers, gardées par leur
ceinture de murailles séculaires. A ce régime le temps passe vite. Demandez plutôt à ce
membre du Comité général qui n'a jamais compris comment entre Florence et Rome,
c'est-à-dire en six heures de voyage, il n'avait pas eu le temps d'achever la promenade à
travers le train, qu'il s'était proposée comme emploi du temps.

Les visites ne se font pas toutes d'ailleurs dans l'intimité des wagons. L'Association
— qui est décidément une grande dame — reçoit parfois sur le quai d'une gare une dépu-
tation d'amis du pays traversé. C'est ce qui se passa à Modane. A deux heures du matin,
le 21 septembre, les voyageurs du train B, se dirigeant vers Rome, eurent la douce sur-
prise de se rencontrer avec une délégation de la Jeunesse catholique locale, quelques jours
après, les pèlerins du train A repassaient à dix heures du soir dans la même gare et
trouvaient pour les attendre l'avant-garde et le groupe auxquels Robert de Roquefeuil tint
à adresser le merci de l'Association pour ce fraternel empressement, tandis qu'une distri-
bution de souvenirs rapportés de Rome venait associer ces chers camarades, gardiens de
la frontière, aux joies et aux consolations du pèlerinage.

A Rome

Les grands Souvenirs

Il y a bien des choses que les pèlerins oublieront dans les impressions ressenties,
dans les splendeurs contemplées, dans les monuments visités au cours de ces inoubliables journées. Eux-mêmes ont pris soin de nous faire savoir celles qui leur resteront
chevillées au cœur.

Ce qui a le plus ému celui-ci « c'est de vivre quelques jours dans les cadres où
l'Eglise a combattu constamment ». Cet autre a été surtout touché du *Credo* chanté aux
Catacombes : « Je ne m'étais jamais si bien rendu compte, avouait-il, de la profondeur
du Christianisme. Chaque pierre me parlait de rédemption. » Un autre encore, au soir de
la deuxième journée, a dans l'âme tant de joie qu'il ne peut résister au besoin de la faire

partager à son compagnon de chambre ; les fatigues de la journée ont déjà entraîné celui-ci dans un sommeil réparateur, mais comment ne pas s'éveiller avec bonne grâce en entendant ce cri d'un cœur trop plein pour contenir son enthousiasme : « Le *Credo*, ce matin à la Confession de Saint-Pierre, et la prière ce soir au Colisée, je te jure que c'est une journée que je n'oublierai jamais.»

Et la rencontre avec Pie X, la profondeur de son regard et le sourire de sa bonté, comment jamais l'oublier? Les pèlerins de la Jeunesse Catholique étaient si heureux de voir le Pape et si émus en allant vers Lui. « Je n'ai jamais senti mon cœur battre si fort, et ça ne vient pas de la montée», déclarait, tout remué, un camarade du midi, qui montait en effet fort allègrement le grand escalier du Vatican. Et quand on l'a vu, quel nouveau bonheur pour quelques-uns de le revoir encore. Les principaux délégués diocésains de l'A. C. J. F. sont informés, au lendemain de l'audience solennelle, qu'ils seront admis à une seconde réception privée : parmi les heureux bénéficiaires de cette faveur, il y a un président cantonal des Ardennes connu et apprécié bien au-delà des bords de la Meuse. Un membre du Comité général est à sa recherche à travers l'église Saint-Jean de Latran pour lui annoncer la nouvelle ; il le découvre, s'acquitte de sa mission et va s'éloigner pour avertir quelque autre camarade, mais non pas sans qu'une vigoureuse accolade, la plus énergique et la plus spontanée qu'il ait reçue de sa vie, vienne lui manifester l'intensité des sentiments provoqués dans ce cœur d'ouvrier par ces mots : « vous reverrez le Pape. »

Certes le nombre de ces prévilégiés fut, en raison de l'état de santé du Souverain Pontife, étroitement limité, mais il y avait d'autres moyens d'atteindre le cœur de ce père si bon : s'il n'est pas possible de l'approcher de très près, on peut lui écrire et confier l'expression de ses sentiments à une humble petite feuille de papier qui ne se heurtera pas à la rigoureuse consigne et qui ne tiendra guère de place sur le bureau du Saint-Père. C'est ce que pensèrent sans doute, dans leur charmante et filiale audace, les nombreux camarades qui remirent à M. l'abbé Corbillé, en même temps que leur généreuse offrande pour le Denier de Saint-Pierre, des *lettres pour le Pape!*... D'autres profitèrent d'une relation personnelle, d'un ami opportunément rencontré, pour faire confier au Pape une intention très chère : une guérison, une conversion, une vocation... On sait Pie X si saint et ses prières si efficaces.

La Vie fraternelle

La Ville Éternelle et ses leçons d'histoire, le Pape et son inexprimable bonté... il y a encore quelque chose que les pèlerins n'oublieront pas et dont le souvenir rafraîchira leur âme plus tard, bien plus tard, lorsqu'ils auront vécu et peut-être souffert... c'est le lien vraiment doux et fort qui, par l'A. C. J. F., les a réunis à Rome en un seul cœur et une seule âme. On parle depuis longtemps, et à bon droit, de l'amitié de l'Association ; à Rome elle a trouvé sa plus haute expression. La Jeunesse Catholique y fut vraiment une famille unie, sous le regard du Père. «Le pèlerinage m'a ouvert les yeux, avouait un pèlerin au retour. Je ne croyais pas que pareille union existât entre tous », et un autre notait cette charité fraternelle «qui ne pouvait être plus forte à l'époque où l'on disait des chrétiens : voyez comme ils s'aiment. »

Et ceci était d'autant plus caractéristique que les pèlerins se trouvaient dispersés par les exigences du logement entre la Commission romaine, les collèges et les hôtels. Dans chacun des gîtes ce fut, aussitôt l'installation faite, la plus cordiale intimité.

A l' « Albergo Michel » s'est établie le « presidenza » ; c'est le quartier général, où affluent les journalistes, les photographes, d'où partent les ordres et les consignes.

Au collège Pio-Americano, dans la majesté d'un noble bâtiment rendu libre par les vacances universitaires et aimablement mis à notre disposition, on mène joyeusement la vie de communauté. Non loin réside S. E. le Cardinal Billot, dont les appartements sont sous le même toit et qui, dès le début du séjour, tint à accueillir nos amis dans une audience toute paternelle qui les laissa très profondément touchés et reconnaissants.

Felici phot.

Les pèlerins de Pio-Americano autour de S. E. le cardinal Billot.

A Sainte-Marthe était vraiment le cœur du pèlerinage, puisque 500 pèlerins y vivaient à l'ombre du Dôme de Saint-Pierre qui chaque matin apparaissait vermeil dans l'éclat du soleil levant, en face des appartements privés de Pie X que les petites lumières du soir désignaient à leur fervente contemplation. Oui, les hôtes de Sainte-Marthe furent bien, suivant le mot de l'un d'entre eux, « les favorisés du pèlerinage ». Ils avaient l'essentiel de Rome sous leur regard, et le meilleur de la Patrie auprès d'eux, en la personne de ces religieuses françaises de Saint-Vincent de Paul, si heureuses de choyer maternellement des jeunes catholiques venus du « pays », et peut-être si doucement émues de reconnaître, à travers la variété des accents, celui de leur province natale. Le dévouement « souriant » des chères Sœurs allait de pair avec la cordiale et chrétienne gaieté dans laquelle s'épanouissaient les cœurs. Bref on fut heureux, très heureux et il serait difficile de dire de celles qui recevaient ou de ceux qui étaient accueillis, quels étaient les plus ravis. Demandez plutôt à la vénérée supérieure Sœur Thérèse, dont aucun des pèlerins de Sainte-Marthe n'oubliera la touchante bonté.

Mais si chaque groupe de pèlerins eut ainsi, pendant les moments de repos et les haltes qui coupaient la frémissante vie romaine, ses bonheurs et ses fiertés particulières, le grand courant d'amitié qui unissait les « douze cents » se retrouvait d'autant plus fort aux heures inoubliables de la prière et de la communion, dans les joies inénarrables du Vatican, dans l'émotion de la transmission des pouvoirs.

Jamais auditoire ne vibra plus à l'unisson que celui de la *Sala Pia* le 25 septembre. Pas une paupière où n'aient coulé ce jour-là quelques larmes. On put voir des vétérans de l'Association sortir leur mouchoir aux premiers mots de Gerlier et ne le rentrer qu'après la prière de clôture... Ce fut si impressionnant que le correspondant de l'Agence Havas », présent à la réunion, déclarait « n'avoir jamais vu une assemblée aussi émue » ! Il aurait pu ajouter : plus en communion de pensée avec les orateurs. Quelle chaleur, quelle confiance attendrie dans les acclamations qui saluèrent successivement le président sortant et le président nouveau. « Je n'aurais jamais cru, écrivait l'un de nos amis du Poitou en parlant de Pierre Gerlier, que l'affection pour un chef pût aller si loin, tant elle était vive et sincère. Nos sentiments pour Souriac sont les mêmes que pour Gerlier » ; et un autre, un Normand, qui a laissé son scepticisme entre les murs de la « Sala Pia », déclarait sans fausse honte : « Oui vraiment, maintenant je sais ce que c'est que la Jeunesse Catholique, et je crois, je crois de toute mon âme à l'amitié de l'Association. »

L'Impression à Rome

Ici ce n'est point à l'Association à parler. S'il en est qui veulent connaître l'impression que ses délégués ont faite à Rome, elle ne peut que renvoyer aux appréciations formulées tout le long de sa route, et que S. E. le Cardinal Billot voulait bien résumer dans ce mot de la fin qu'il adressait à notre aumônier : « Si vous avez emporté de Rome un bon souvenir, je puis vous assurer que celui que vous y avez laissé est meilleur encore. »

Nous allions à Rome comme *Jeunesse Catholique* et donc notre voyage était avant tout un acte religieux. Nos amis ne voulaient pas être des touristes, mais des pèlerins :

Des pèlerins *qui prient et qui communient*. Et ce fut un sujet de joie pour les Eminentissimes Cardinaux et prélats qui daignèrent présider nos cérémonies religieuses que ces communions générales renouvelées tous les jours pour lesquelles ils voulurent nous exprimer toute leur satisfaction et toute leur admiration. Ce fut aussi un sujet d'édification pour la population romaine, et nous n'en voulons pour preuve que cet expressif hommage rendu en tramway, par un citoyen romain, à un de nos aumôniers qu'il avait reconnu à sa croix de Malte : « Ah ! Monsieur le Curé, comme nous nous remercions du bel exemple que vous nous donnez. »

Des pèlerins qui *visitent avec révérence les lieux sanctifiés* par les martyrs et qui honorent avec respect les reliques insignes exposées à la vénération des fidèles ; et de là cet instinct qui les pousse à fuir les guides qui ne se montrent pas assez respectueux dans les églises, et à choisir de préférence celui qui leur paraît le plus digne de leur faire prendre contact avec Rome chrétienne, heureux quand ils peuvent, comme aux catacombes, sous la conduite des P. P. trappistes, donner libre cours à leur émotion religieuse.

Des pèlerins qui, même en dehors des réunions et des manifestations collectives, *savent respecter scrupuleusement la discipline*, et restent soucieux de conserver la tenue parfaite qui convient seule à de jeunes catholiques. A Rome tout le monde en a fait la remarque. Il n'est pas jusqu'à la « questure » qui ne tint à manifester aux Sœurs de Sainte-Marthe son admiration pour l'ordre parfait et la tenue qu'elle avait remarqués dans nos rangs, et qui n'ont pas laissé à la police italienne l'ombre d'un prétexte pour intervenir.

Si nous nous réjouissons de tout cela, qu'on veuille bien croire que notre satisfaction n'est pas égoïste. Certes comme membres d'une Association qui leur est si chère, les jeunes catholiques ont été heureux de se sentir portés par un tel courant de sympathie. Mais leur fierté vient plus encore de ce qu'à travers l'A. C. J. F. la France elle-même a été bien servie par ce mémorable pèlerinage.

La Jeunesse Catholique était à Rome, il faut s'en souvenir, au moment où les porte-paroles de la France officielle démentaient les bruits, répandus de divers côtés, d'un rapprochement avec l'Eglise et confirmaient à nouveau la régime de séparation si dommageable à nos intérêts religieux et nationaux.

Il était bon qu'à la même heure un démenti fût donné aux paroles officielles par un groupe assez fort pour représenter dignement la meilleure France. Ce fut l'œuvre de l'Association à Rome. En la voyant si nombreuse et si disciplinée — « armée pacifique, mais armée tout de même » faisait remarquer un éminent cardinal, — si fière de s'abriter à la fois sous la croix de Jésus-Christ et sous le drapeau national, — si profondément attachée au Pontife romain, — si résolue à conserver le patrimoine séculaire de leur patrie et à tout entreprendre pour rétablir entre les deux pouvoirs les relations nécessaires, on a compris que le Pape avait raison de ne pas désespérer de la France et de refuser à des rivaux impatients le partage de l'héritage de la Fille aînée de l'Eglise.

Aussi quoi d'étonnant à ce que nos manifestations aient été suivies avec un intérêt si passionné à la fois dans les milieux religieux et dans les autres ; quoi de surprenant dans la satisfaction si intense des Français de Rome qui tinrent à honneur de participer à plusieurs de nos assemblées. Ils étaient particulièrement nombreux à la Cour Saint-Damase — prêtres et religieux, sœurs de charité, professeurs, journalistes — émus comme nous l'étions tous, en constatant que l'immense foule de catholiques italiens, brésiliens, hongrois, allemands admis à la réception de l'A. C. J. F., se trouvaient en fait derrière les 1200 Français de l'Association groupés autour de leur drapeau fédéral aux trois couleurs.

Et leur émotion s'accrut lorsqu'ils reconnurent, dans le seul chant qui ait été ce jour-là associé à l'*Oremus pro Pontifice Pio*, les notes entraînantes du *Cantique de l'Etendard* et surtout la dernière phrase du refrain : « Vive Jeanne, vive la France ! » Si grand était l'enthousiasme que plusieurs de nos amis italiens le chantaient avec nous. Ainsi tout spontanément, par le seul fait de l'ardeur de ses fils et de la condescendance du Souverain Pontife, la France reprenait pour un moment à la tête des nations des deux mondes sa vieille place, celle que la Jeunesse Catholique saura lui rendre sur tous les terrains : la première.

Le Temple dit de Vesta.   Cl. Maurisset.

Impressions d'un Ancien

Voir le Pape, visiter Rome et l'Italie, traverser la Suisse, ses sommets neigeux, ses vallées profondes, c'est là assurément une source de joies intenses pour le catholique, le Français, l'artiste. Les grands souvenirs assiègent sa pensée, les beautés accumulées par le Créateur dans la nature la plus pittoresque, et celles qu'a produites le génie humain le plus raffiné ravissent son âme.

Mais combien de pareilles impressions sont plus vives, mieux goûtées, plus profitables, lorsqu'elles sont ressenties en commun, entre amis ayant même amour et même enthousiasme ! C'est bien ainsi qu'il vient d'en être de nous dans cet admirable et délicieux pèlerinage de la Jeunesse catholique française à Rome.

Assurément les deux points culminants en ont été la magnifique, l'inoubliable audience de Notre Saint-Père le Pape Pie X dans la cour St-Damase, et la si émouvante réunion de la Salle Pie où s'est accomplie la transmission des pouvoirs de Gerlier à Souriac.

Je n'ai point à en faire le récit, mais je ne puis taire les impressions si profondes que j'en ai rapportées.

Ah ! certes, l'audience du Saint-Père nous a attesté toute sa paternelle affection. Son visage heureux et souriant que nous avons pu si bien comtempler nous en était le gage, mais ses paroles à nos chefs, ses bénédictions répétées, les let-

Robert de Roquefeull
Fondateur et premier président de l'A. C. J. F.

tres qu'il nous a écrites et fait écrire, en sont un témoignage éclatant, ses encouragements nous ont été adressés dans des termes sans précédent, qui nous laissent infiniment heureux, réconfortés, reconnaissants et confus. Aussi était-ce bien du fond du cœur, au nom de l'Association tout entière, au nom de tous nos amis restés en France, comme en notre propre nom, que nos acclamations enthousiastes sortaient de nos poitrines et montaient ardentes vers ce Père si tendre, si vénéré, si aimé !

Et quelle heureuse pensée a guidé notre Conseil fédéral lorsqu'il a décidé que la transmission des pouvoirs se ferait à Rome ! La transmission des pouvoirs, cette cérémonie si touchante dans laquelle le Président général sortant échange avec l'Association des adieux si émouvants, dans laquelle le nouveau Président général élu échange lui aussi avec l'Association des engagements si graves, dans laquelle l'ancien Président remet au nouveau notre cher drapeau fédéral comme le symbole de l'autorité, des intérêts, des traditions dont il dépose la garde entre ses mains, elle est assurément profondément émouvante.

Mais combien elle l'a été davantage, combien elle a été plus solennelle, accomplie cette fois au sortir de l'audience du Pape, à ses pieds pour ainsi dire, à Rome, à la porte du Vatican ! Il semblait en vérité que Gerlier venait de remettre ses pouvoirs au Pape lui-même, que le successeur de Saint-Pierre, le vicaire de Notre-Seigneur Jésus-Christ venait de lui dire que lui et l'Association avaient bien mérité de l'Eglise, et que Souriac, élu par les suffrages de l'Association tout entière, venait d'être confirmé dans sa charge, d'être sacré en quelque sorte par le Pape lui-même.

Et c'était bien, en effet, la réalité, et elle n'était que trop compréhensible, l'émotion poignante qui nous étreignait tous en un tel moment. Ah ! certes, c'était bien l'Association tout entière qui, par la bouche de notre cher aumônier général, remerciait Gerlier de sa Présidence si dévouée, si féconde, et promettait à Souriac notre soumission la plus confiante. Et lorsque tous les deux, Gerlier et Souriac, rendaient témoignage de tout ce que l'Association doit à notre cher aumônier général, M. l'abbé Corbillé, à ses prédécesseurs, spécialement au cher P. Tournade, à tous nos aumôniers de groupe, c'était bien l'Association tout entière aussi qui s'exprimait par leur bouche.

Devant de tels spectacles, je ne pouvais me défendre de me reporter par la pensée aux jours déjà lointains de la fondation de l'Association, à ses débuts si modestes, que guidaient avec tant de sollicitude et comme une divination de l'avenir et l'Œuvre des Cercles catholiques d'ouvriers et son illustre chef, le Comte Albert de Mun. Comment ce grain de sénevé est-il devenu un si grand arbre ? Comment notre petit nombre de jadis est-il devenu multitude ? Comment surtout, durant vingt-huit ans, à travers cinq présidences, l'union du début est-elle demeurée intacte ? Comment la ligne adoptée dès le premier jour n'a-t-elle jamais dévié ? Il est impossible de ne pas reconnaître là une intervention providentielle. Mais il est impossible de ne pas reconnaître aussi que l'Association s'est toujours efforcée de répondre à cette action divine.

Il lui a suffi pour cela de rester obstinément et constamment fidèle aux directions qui nous venaient de Rome, d'y conformer toute son action avec une confiante et joyeuse soumission. Et de même que dans le passé nous avons trouvé dans la parole du Vatican la lumière et la force pour notre piété, notre étude et notre action, nous voulons aujourd'hui de toute notre âme ne nous confier qu'à ce guide. Et lorsque S. E. le cardinal Billot nous exposait si magistralement la doctrine dont nous devons nous inspirer, nous avions la joie d'y reconnaître celle-là même que nous nous efforçons de pratiquer à travers les contingences des faits et les difficultés de l'application.

Mais si les esprits sont ainsi étroitement unis dans la doctrine, que dire de cette amitié délicieuse qui, au sein de l'Association, unit aussi les cœurs ! Ah ! ceux qui ne la connaissaient pas ont bien été conquis sans retour au cours de ce pèlerinage. Et nous, les anciens, nous pouvons bien dire qu'elle a embaumé toute notre vie, car après avoir été le charme de notre jeunesse, elle nous suit encore, sans s'affaiblir, à travers les années. Elle a su sans doute nous aider tous à supporter joyeusement les fatigues du voyage, mais, bien plus que cela, elle est pour nous une force. En doublant l'union des esprits de l'union des cœurs, l'Association produit ce bien inappréciable de la discipline. Cette discipline, elle est la condition de la conquête, et la conquête reste plus que jamais notre but. Si les développements de la piété, si considérables depuis quelques années dans l'Association, ont été le sujet d'une édification constante pour les témoins de notre

pèlerinage, l'admirable tenue des pèlerins, l'ordre qui n'a cessé de régner parmi eux, en
dépit de toutes les attirances d'un voyage à travers la Suisse, l'Italie, Milan, Venise,
Florence, Gênes, et surtout Rome, sont le résultat éclatant de cette discipline si joyeusement acceptée.

Je dois ajouter que le comité général avait tout fait pour la rendre facile, en traçant
l'itinéraire le plus séduisant et le plus intéressant, et en combinant toutes choses pour le
plus grand agrément des pèlerins, mais il est de toute justice de dire aussi que notre affection, notre confiance et notre reconnaissance pour ses représentants nous poussaient à
faire entre nous assaut de discipline à leur égard.

Et maintenant que nous voici tous dispersés, et revenus dans nos groupes respectifs,
il me semble impossible de ne pas faire passer dans toutes les âmes, autour de nous, par
nos récits, l'enthousiasme qui nous anime, un amour plus profond, un dévouement
plus absolu pour le Saint-Siège qui nous a comblés au-delà de notre attente, pour
l'Eglise, pour la France qui a tout à recevoir de l'Eglise, pour notre chère Association
qui apparaît bien comme servant utilement ces deux causes inséparables dans nos cœurs.
Efforçons-nous donc de faire pénétrer l'influence chrétienne dans les individus, dans les
institutions, dans les masses populaires, en absolue conformité avec les directions
romaines.

L'Association revient de Rome, bénie, encouragée, fortifiée. Un magnifique avenir
s'ouvre devant elle. Apportons-lui plus que jamais tout notre cœur, tout notre dévouement. Nous savons que le secret de sa prospérité réside dans sa fidélité au Pontife romain.
Nous resterons indéfectiblement attachés à cette grande source de lumière et de force, et
nous souhaitons que pour fortifier dans ces fécondes traditions les générations à venir,
l'Association renouvelle souvent nos pèlerinages à Rome, et que l'usage d'y procéder à la
transmission des pouvoirs passe dans le patrimoine de ses plus chères traditions.

ROQUEFEUIL.

Après la Transmission des Pouvoirs

26 septembre 1913.

Mes chers Amis,

A l'heure même où s'achève, dans un inexprimable enthousiasme, notre magnifique pèlerinage, je voudrais, d'un simple mot, vous répéter à tous ce que j'essayais de dire hier à nos pèlerins, à la Sala Pia. Du fond du cœur, merci !

Merci pour les admirables exemples de dévouement à la Sainte Eglise et à la Patrie, dont il m'a été donné pendant quatre années d'être le témoin, et qui demeureront dans l'avenir comme dans le passé la caractéristique et l'honneur de notre A. C. J. F.

Merci de l'affection fraternelle que vous m'avez témoignée, qui, si doucement, m'a fortifié aux jours d'enthousiasme, soutenu aux heures douloureuses, et dont je garderai, impérissable, le précieux souvenir.

Que ne puis-je traduire comme je la sens, comme la sentent tous les chers anciens qui nous entouraient à la Sala Pia, notre immense reconnaissance envers Dieu pour la grâce qu'Il nous a faite de connaître l'Association et de lui donner notre jeunesse ! Jeunes amis qui entrez dans ses rangs, ne lui marchandez pas votre dévouement ni vos sacrifices. Vous préparez, en travaillant pour elle, le bonheur de toute votre vie.

Faut-il dire l'émotion particulièrement profonde que j'ai éprouvée en remettant à Souriac, à Rome même, à quelques pas du Vatican, le drapeau que votre amitié m'avait confié ? Oh ! comme nous avons compris, dans les journées inoubliables que nous venons de vivre, que toute la force de l'Association réside dans son indéfectible fidélité au Pape. Car la fidélité au Pape garantit tout le reste : la fidélité à Jésus-Christ, en qui nous voulons restaurer toutes choses, la fidélité à l'Eglise, qui nous enseigne et nous dirige, la fidélité à ceux qui parlent en son nom, à nos Evêques, à nos aumôniers, que nous étions si heureux d'acclamer en la personne de notre très cher aumônier général.

Vous venez d'être investis à nouveau, mes amis, en des circonstances et en des termes également mémorables, de l'absolue et paternelle confiance du Saint-Père. La voie s'ouvre devant vous, magnifique. Allez donc joyeusement à la suite du Chef généreux et vaillant, sur qui vient de descendre la bénédiction de Pie X, et sous les ordres duquel vos anciens seront fiers de travailler désormais à vos côtés.

Pierre Gerlier.

26 septembre 1913.

Chers Amis,

Au lendemain de l'inoubliable séance de la Sala Pia, où il a reçu des mains de Gerlier la garde de notre cher et glorieux drapeau, votre nouveau président veut, sans retard, vous adresser son salut fraternellement affectueux et vous dire : En avant, dans la confiance et dans la joie !

En avant ! car c'est à la conquête que, plus que jamais, nous devons marcher suivant le programme magnifique tracé, au nom du Saint-Père, par la lettre de Son Eminence le Cardinal Merry del Val : conquête de ces jeunes catholiques qui ne nous connaissent pas encore et que nous brûlons d'associer à notre vie chrétienne, à notre amitié, à notre apostolat ; conquête des ignorants et des égarés, à qui nous voulons rendre la foi et par elle la paix depuis longtemps perdue ; conquête de notre société désorientée, dont nous préparerons, n'est-ce pas, mes amis, par un labeur incessant, la renaissance chrétienne dans toutes ses parties.

En avant dans la confiance ! Notre voie est la bonne ! le Saint-Père lui-même daigne nous l'écrire, et en quels termes ! Sur la tête de votre président, au cours de notre audience privée, Sa main bénissante s'est posée et, d'une voix dont l'expression me demeure toujours présente, Il a répondu à mon assurance que notre ligne serait maintenue intégralement : « J'en suis sûr ! Je vous remercie et je vous bénis ! » Cette bénédiction, ces paroles donneront à votre chef la force de vous conduire ; à vous, chers amis que je représentais tous à ce moment, celle de le suivre, sans défaillance comme sans hésitation, ainsi qu'il convient à des fils que la satisfaction et l'amour paternels accompagnent.

En avant dans la joie ! De hauts espoirs nous sont permis. Nous ne nous dissimulons aucune difficulté ; bien des luttes nous attendent encore ; mais la parole du Pape est là, qui salue notre Association bien-aimée « comme une grande espérance pour l'Eglise et pour notre Patrie ». Elle ouvre à nos yeux de radieuses vues sur l'avenir et nous saluons celles-ci avec tout le bonheur et l'enthousiasme qu'elles peuvent éveiller dans des cœurs de chrétiens et de français. Comment ne pas travailler après cela avec cet entrain et cet élan communicatifs, cette abnégation souriante qui furent en tous les temps chez nous le propre des apôtres du christianisme comme de nos soldats et qui leur assurèrent tant de conquêtes et de victoires ?

Ces sentiments, nos chers pèlerins de Rome les rapporteront demain en chacune de nos Unions comme autant de viriles qualités recueillies au contact des grandes leçons de l'histoire chrétienne et de la connaissance plus parfaite du centre de la catholicité. Vous les recueillerez tous, mes chers amis ; vous en fortifierez vos cœurs, vos volontés, vos caractères, et, la main dans la main, unis et disciplinés, dans l'obéissance à nos évêques et à nos prêtres, nous écrirons une belle page de plus dans notre histoire à la gloire de l'Eglise, du Pape, de la France !

Alexandre Souriac,

Felici phot.
Son Éminence le Cardinal V. Vannutelli

Je garde dans mon cœur un souvenir bien agréable et bien reconnaissant des marques de sympathie dont je fus l'objet, comme Légat du Saint-Père, de la part de la *Jeunesse Catholique* de Paris, lors de ma mission aux fêtes d'Ozanam. Je suis heureux de l'occasion qui m'est offerte de le dire aujourd'hui en présence des représentants de la Jeunesse Catholique de la France tout entière.

La joie profonde que j'éprouvai alors en voyant ce renouveau catholique dans la Jeunesse Parisienne devient aujourd'hui plus grande, plus intense et plus profonde encore. J'admire de plus en plus votre belle organisation ; il faut que vous possédiez vraiment un grand esprit de foi, une vraie piété chrétienne, pour venir en si grand nombre à Rome, témoigner si noblement de votre attachement au Saint-Siège et de votre union intime avec le centre de la Catholicité.

Les bénédictions de vos Évêques sont avec vous, et aussi les vœux de vos camarades si nombreux qui n'ont pu vous accompagner dans ce voyage. Ce sont autant de soldats pour la cause du bien, la cause de la religion ; c'est une armée rangée en bataille, — armée pacifique, il est vrai, — mais qui permet d'envisager avec confiance l'avenir de votre cher pays.

Vous avez bien compris que l'amour de la France est inséparable de l'amour de l'Église et de la Papauté ; les plus grands souvenirs et les gloires de votre patrie ne sont-ils pas liés aux gloires de l'Église ?

Vous êtes venus chercher auprès de la Chaire de Pierre les bénédictions qui doivent vous raffermir dans vos saintes résolutions. Ces précieuses bénédictions vous sont acquises déjà ; le Vicaire de Jésus-Christ les accordera aussi à vos camarades et à vos familles. Vous aimez le Pape, je le sais, le Pape le sait. Et en venant vous prosterner à ses pieds, vous lui procurez une grande consolation. Je suis heureux de vous le dire : Il aime la chère France, toujours Fille aînée de l'Église, et qui a toujours alimenté tant d'œuvres catholiques. Il aime votre jeunesse, qui donne un si bel exemple, élite de la nation, espoir de la patrie et de la sainte Église.

Et savez-vous pourquoi Pie X aime particulièrement l'*Association Catholique de la Jeunesse Française* ? je vais vous le dire : parce que dans les plis de votre drapeau, vous avez inscrit avant tout la fidélité au culte eucharistique. Vous ne l'ignorez pas, notre bien-aimé Pie X veut tout restaurer dans le Christ, être avant tout l'apôtre de la Cène Eucharistique. Il recommande la Communion fréquente ; Il veut que tous connaissent les bienfaits qu'on doit se procurer à cette source de la véritable vie chrétienne. Il a ordonné que chaque fidèle y participât dès le plus jeune âge.

Or, vos efforts ne tendent-ils pas à grouper vos associés autour de la Table Sainte ? Est-ce que vous n'en avez pas déjà donné une preuve éclatante au cours même de votre voyage, où vous avez voulu communier aux matins d'arrêt ? En développant ainsi la dévotion eucharistique, conformément aux appels répétés de Pie X, vous donnez une preuve de plus de la fidélité avec laquelle vous suivez toutes ses directions.

Telle est la raison de l'affection toute spéciale et de la paternelle tendresse du Pape pour vous. Il vous le dira, à l'audience où Il vous fera bientôt

Monument de Léon XIII à Saint-Jean-de-Latran

La Chaire de Saint-Pierre

l'honneur de vous recevoir, comme Il vous dira son amour pour votre noble et chère patrie.

À votre tour, soyez fidèles à ce culte eucharistique qui est le plus beau titre d'honneur de votre association, le plus beau joyau de votre couronne. Priez beaucoup : priez pour le Saint-Père, priez pour l'Église, priez pour la France. Priez un peu, aussi, pour l'humble Cardinal déjà vieux, qui est au terme de sa carrière, mais auquel le bonheur est encore une fois donné de jouir de votre présence, et de pouvoir unir aux vôtres ses prières et ses vœux.

Mgr Odelin, Vicaire général de Paris

Discours

DE

Mgr ODELIN

prononcé à Sainte-Cécile du Transtévère

le Mercredi 24 Septembre

Mes Chers Amis,

J'ai accepté de grand cœur l'aimable invitation qui m'a été faite, ces jours derniers, par votre aumônier et vos deux présidents, de venir vous adresser la parole ce matin, comme représentant de S. E. le Cardinal Archevêque de Paris. Ma parole ne remplacera pas la sienne, si pleine de charme et d'à-propos : elle vous redira du moins l'estime et l'affection du Cardinal Amette pour l'A. C. J. F. Mais je ne suis pas seulement son vicaire général, je suis encore un vieil ami de votre association : je n'oublie pas que, de 1887 à 1892, j'ai été l'aumônier de votre groupe universitaire, petit par le nombre, mais important par ses membres, dont l'un, aujourd'hui professeur de Faculté, est le Président et l'âme de l'Association des Pères de famille pour la défense de l'enfant contre l'irréligion scolaire. Je suis donc heureux de me retrouver au milieu de vous dans cette belle basilique de Sainte-Cécile, église cardinalice d'un éminent Prélat qui a été et qui est toujours un ami de la France.

Pie X, dans sa lettre aux pèlerins venus à Rome pour le jubilé constantinien, leur rappelle que ce jubilé célèbre le 16e centenaire de l'Édit de Milan par lequel Constantin, après la victoire qui suivit l'apparition du Labarum, donna à l'Église la liberté et le droit de posséder.

Il insiste sur la liberté nécessaire à l'Église, pour remplir sa mission spirituelle auprès des âmes qui est : D'enseigner toutes les nations — de leur donner les sacrements, la vie surnaturelle — de leur enseigner les préceptes et les conseils évangéliques.

Il invite les catholiques à lutter pour la liberté de l'Église dans le champ d'action qui leur est concédé.

Vous, jeunes gens, vous devez vous rendre à l'appel du Souverain Pontife, et lutter non pas pour la liberté en soi comme nos pères de 1830, comme les rêveurs de 89, mais pour une liberté concrète, définie qui est la liberté de l'Église.

Et pour cela, trois conditions sont nécessaires :

1° *Il faut aimer la liberté de l'Église,* et pour l'aimer, il faut en être convaincus : *Ignoti nulla cupido.* Et pour cela, il faut commencer par connaître l'Église. Quand vous connaîtrez bien l'Église, sa constitution, sa mission, vous l'aimerez ; et l'aimant, vous aimerez sa liberté, vous la désirerez, vous la voudrez, vous la réclamerez, vous ne comprendrez pas qu'on la lui refuse, ni qu'on y porte atteinte.

Lorsqu'en 1832, Montalembert ouvrit avec Lacordaire une école libre à Paris 5, rue des Beaux-Arts, (je ne passe jamais sans émotion devant cette maison), il revendiquait une liberté politique sans doute, une liberté inscrite dans la charte de 1830, la liberté d'enseignement, la liberté qu'a le père de famille de donner à son enfant l'enseignement qui lui plaît ; mais il revendiquait en même temps la liberté de l'Église, qui a reçu de son divin fondateur le mandat d'enseigner : *Docete omnes gentes.* Il la revendiquait, parce qu'il connaissait et aimait l'Église et sa liberté. Lorsqu'en 1849, en plein parlement, Montalembert dit cette parole célèbre : « Messieurs, l'Église

Basilique de Sainte-Cécile

est une mère », avec un tel accent que les députés, émus et gagnés, votèrent sa proposition, il remporta la victoire parce qu'il avait au cœur un grand amour pour l'Église provenant d'une forte conviction.

2° *Il faut exercer cette liberté,* la liberté d'enseigner la vérité ou de recevoir l'enseignement de l'Évangile — la liberté de pratiquer la religion, de recevoir les sacrements — la liberté de pratiquer les commandements de Dieu, de vivre en chrétien ; de pratiquer les conseils évangéliques, de vivre en religieux.

C'est ce que l'A. C. J. F. fait si bien. Elle est exclusivement catholique, catholique avant tout, comme le voulait Montalembert. Ce n'est pas elle qui encourra le reproche de ce grand lutteur : « Les catholiques manqueront plus à la liberté que la liberté ne manquera aux catholiques. »

Elle revendique hautement la liberté religieuse ; elle s'occupe d'œuvres, en particulier d'œuvres sociales ; elle a une revue où elle expose ses idées et fait part de son action. Les Évêques estiment, ils aiment l'A. C. J. F., parce qu'ils la savent respectueuse de la hiérarchie, soumise au Pape et aux Évêques, entièrement dévouée à l'Église et travaillant pour sa part à tout restaurer dans le Christ, *instaurare omnia in Christo,* comme le demande Pie X.

Ils savent qu'ils pourront compter sur vous pour une action uniquement, exclusivement, intégralement catholique, l'Église étant au-dessus des partis politiques et les dominant, n'ayant d'autre politique que celle formulée par son divin fondateur : « Cherchez d'abord le royaume de Dieu et sa justice, et le reste vous sera donné par surcroît. » Quant à votre orthodoxie, comme le disait récemment le Cardinal Amette, « elle relève de ceux que Dieu a constitués dans son Église juges de la foi ; et de juges de la foi, il n'en est pas d'autres que les Évêques, unis au Pape et sous son contrôle. » Quand on regarde toujours du côté de Rome, on est en sécurité. Pendant le concile du Vatican, en 1869-70, au milieu de discussions ardentes bien éteintes aujourd'hui, mais qui divisaient alors les esprits, le Père Olivaint nous avait donné, à la Réunion des jeunes gens de la rue de Sèvres, cette formule d'orthodoxie : « Soyez romains comme à Rome, ni plus ni moins. »

3° *Il faut défendre énergiquement la liberté de l'Église.*

Il n'y a qu'une tactique à employer avec ses adversaires : se faire craindre. Pour se faire craindre, il faut être une force ; pour être une force, il faut être le nombre organisé, autrement dit une collectivité, une association.

J'ai toujours été frappé de cette parole des saints Livres que l'Église applique à Marie : « *Terribilis, ut castrorum acies ordinata* : Terrible comme une armée en ordre de bataille. » Marie si douce, Marie aimable et bonne comme une mère, contre le mal est terrible comme une armée en ordre de bataille, *ut castrorum acies ordinata*, parce que rien ne donne plus l'idée de la force.

L'A. C. J. F. est une force, elle est une association, elle est une armée. Continuez, mes chers amis, à combattre le bon combat.

« Dieu n'a rien tant au cœur que la liberté de son Église », a dit S¹ Anselme. Les serviteurs de Dieu n'ont rien tant à cœur que cette liberté. Il y en a qui sont morts pour elle. Sainte Cécile, dont l'image nous apparaît sous cet autel si vivante dans la mort, a défendu la liberté de l'Église. Les martyrs ont préparé l'Édit de Milan de 313. Les Vendéens, les héros de la grande guerre que Bonaparte appelait une guerre de géants, en luttant, comme ils l'ont fait, pour la liberté de l'Église, ont préparé le Concordat de 1801.

Les catholiques de France, en luttant énergiquement pour défendre la liberté de l'Église, comme le demande Pie X, prépareront un autre Édit de Milan qui, sous une forme que nous ignorons, viendra la reconnaître, la proclamer et la sauvegarder.

Ainsi soit-il.

Crypte de Sainte-Cécile — Autel dédié à la Sainte

Discours de S. E. le Cardinal BILLOT

prononcé à Saint-Ignace le Jeudi 25 Septembre

Le Saint-Père, Messieurs, disait naguère dans une allocution célèbre, en parlant de la France.
« Viendra un jour, et comme nous l'espérons, un jour qui n'est plus éloigné, où la France, comme
« Saul sur le chemin de Damas, verra resplendir
« autour d'elle une lumière venant du ciel, et
« entendra une voix qui lui dira : Ma fille, pour-
« quoi me persécutes-tu ? Et elle répondra : Qui
« êtes-vous, Seigneur ? Et la voix répondra :
« Je suis Jésus que tu persécutes : non, il n'est
« pas bon pour toi de regimber contre l'aiguillon,
« parce que par ton obstination tu te ruines
« toi-même. Et elle, étonnée et tremblante dira :
« Seigneur, que voulez-vous que je fasse ? Et
« lui : Debout, lève-toi, lave ces souillures qui
« te défigurent, réveille en ton cœur les senti-
« ments d'autrefois, ressuscite l'antique pacte
« de notre alliance, et va, fille aînée de l'Église,
« nation prédestinée, vase d'élection, va comme
« jadis porter mon nom devant les peuples et
« les rois de la terre (1). »

Tel est, Messieurs, l'heureux augure que
nous recueillions, voici bientôt deux ans, de
la bouche auguste du Saint-Père, et vraiment,
à vous voir aujourd'hui venus de tous les points
de la France, réunis dans cette enceinte, en ce
splendide et magnifique triomphe de votre pèlerinage, je serais presque tenté de croire à son
accomplissement. Qu'il me soit du moins
permis d'en saluer l'aurore, et de reconnaître en
la brillante représentation de la jeunesse française que j'ai ici devant moi l'élite de ceux qui
sont déjà, qui seront de plus en plus dans

Son Éminence le Cardinal Billot

l'avenir, sous la conduite de leurs évêques et la suprême direction du Siège apostolique, les ouvriers
de la restauration annoncée et si ardemment désirée. En effet, votre présence à Rome aux pieds
du vicaire de J.-C., le nom de jeunesse catholique dont vous vous honorez, par dessus tout, la
devise que je lis inscrite sur votre bannière, *piété, étude, action*, tout cela dit assez hautement ce
que vous voulez être, et ce que vous êtes effectivement.

J'ai énoncé votre devise. C'est la piété que vous y avez mise en première ligne, voulant bien
marquer par là, n'est-il pas vrai, le but premier, principal, essentiel de votre association, qui est
de former des chrétiens. Oui des chrétiens, et des chrétiens solides, des chrétiens complets, disons

(1) Allocution du 29 novembre 1911.

pour employer l'expression courante, des chrétiens intégraux, qui ne connaissent plus la séparation de la foi d'avec la pratique, de la profession d'avec la conduite, de l'enseigne d'avec ce que l'enseigne ne recouvrirait que mensongèrement : mais qui, acceptant pleinement et sans restrictions tous les engagements, toutes les promesses, toutes les renonciations aussi de leur baptême, bien convaincus que J.-C.N.-S. a les paroles de la vie éternelle, et les a à l'exclusion de tout autre, vont à toutes les sources surnaturelles que ce divin Sauveur nous a ouvertes, fréquentent les sacrements, recourent à la prière, s'exercent en toutes sortes de bonnes œuvres, et s'aident fraternellement par le mutuel entraînement de l'exemple. Vous avez donc fait la première part à la piété, ensuite de laquelle et en fonction de laquelle je vois se ranger aussitôt l'étude et l'action. C'est qu'en effet, cette vie chrétienne que vous vouliez pour vous-mêmes, vous ne la voulez pas pour vous seuls. En vous aussi s'est allumée la flamme de l'apostolat. Vous aussi, vous avez entendu l'appel qui nous convie à une action bienfaisante parmi le peuple, pour regagner le peuple à J.-C., pour reconduire le peuple au pied de la croix. Vous l'avez, dis-je, entendu, et vous voici vous mettant pour ce grand œuvre aux ordres de l'Église : d'une part, avec tous les moyens de conquête qui sont le lot de l'ardente jeunesse, je dirai de la jeunesse française en particulier, toute faite d'entrain, d'esprit chevaleresque, de généreux dévouement, de belle humeur et de bonne grâce : mais de l'autre aussi, n'est-ce-pas, avec les seules armes qui sont au service de la cause religieuse, car vous entendez rester en marge de tous les partis, soit anciens, soit nouveaux, que nos divisions politiques ont créés, décidés et résolus que vous êtes à ne vous réclamer d'aucun d'eux absolument : en ce sens du moins, et de telle sorte que tout en laissant à chaque particulier ses préférences personnelles, votre association elle-même, votre association comme telle, n'ait et ne connaisse d'autre drapeau que celui de la religion.

C'est là, Messieurs, le mot d'ordre du glorieux pontificat de Pie X. C'est d'ailleurs la politique éternelle de l'Église, dont Pie X a dit : Notre politique à nous, c'est la croix. Notre politique, c'est celle du *Pater noster* et de l'*adveniat regnum tuum* : celle qui a le double avantage de planer bien haut au dessus des contingences de ce monde qui passe, et de contenir en même temps une solution, un remède, une réponse à toutes les questions qui s'y agitent, à tous les maux que l'on y souffre, à tous les postulata que l'on y peut faire légitimement valoir : bref, à toutes ces choses dont la Révolution s'est emparée, que la Révolution exploite, dont la Révolution joue et abuse pour le renversement de la société, et par ce moyen, pour la perte éternelle des âmes. Voici plus d'un siècle déjà, que le grand révolutionnaire, celui que l'évangile appelle aussi quelque part l'homicide par excellence, *homicida ab initio*, a tenté un nouvel effort. Et cette fois, usant d'un artifice où il s'est surpassé lui-même, il a jeté dans le monde ces grands mots, ces mots retentissants de liberté, d'égalité, de fraternité, qui selon les différents sens qu'ils comportent, et les différentes manières dont on les peut entendre ou interpréter, contiennent assurément plus qu'il ne faut de vrai et de beau et de bon pour remuer les plus nobles fibres du cœur de l'homme, mais aussi en revanche, hélas ! en revanche, plus qu'il n'est nécessaire de principes faux, délétères et pernicieux, pour tout précipiter à la ruine. Et c'est à la faveur de ces formidables équivoques que la Révolution poursuit toujours son œuvre de haine et de mort ! Oh ! qui donc les lèvera, ces équivoques ? Qui préparera les esprits à rejeter le venin qu'elles renferment ? Qui surtout guérira les plaies tant sociales qu'individuelles auxquelles elles ont donné naissance ? Seule, Messieurs, la religion.

On veut la liberté. Ah ! Je le crois bien. Quoi de plus précieux, quoi de plus enviable ? N.-S. lui-même n'a-t-il pas mis la liberté en tête de ses promesses ? N'a-t-il pas dit : Si vous demeurez dans ma parole, vous connaîtrez la vérité, et la vérité vous rendra libres ? Et encore : *Si vos Filius liberaverit, vere liberi eritis ?* (1) Mais, si la liberté est si bonne et si excellente chose, en quoi consistera-t-elle donc, et à quoi la comparerons-nous ? A un torrent débordé dont on ne saurait dire où il va, et dont les eaux s'écoulent au gré d'une force aveugle et capricieuse, ou non pas plutôt à un fleuve dont on a relevé les bords de part et d'autre, pour lui donner le moyen de couler plus doucement dans son lit, et de suivre plus sûrement son cours naturel ? Or maintenant, ce cours naturel de la liberté, qu'il faut maintenir dans sa direction véritable, qu'il faut

(1). — Joan. VIII, 31-36.

débarrasser des multiples barrages qui l'obstruent et le contrarient, qu'il faut bien encaisser dans son propre lit, de peur qu'une fois détourné, il ne se perde lui-même avec tout ce qu'il rencontrerait sur sa route, où le devrons-nous reconnaître ? Je vous le demande, où encore une fois, sinon dans la tendance au souverain bien, au bien absolu, infini, qui est Dieu notre premier principe et notre fin dernière ? Non, ne me parlez plus de cette grande chose que serait la liberté, si vous ne savez pas m'en assigner l'objet. La liberté n'est pas une fin en soi, c'est un moyen, c'est une faculté qui ne nous est donnée que pour atteindre un but. Mais quel but ? Visiblement, le but même de l'existence, puisqu'il lui appartient de mouvoir toutes les autres puissances ou énergies qui sont en nous. Et visiblement encore, ce but de l'existence, ce but assigné à notre âme immortelle ne sera pas ce que le temps détruit, ce que le tourbillon des choses emporte, ce qui étant aujourd'hui ne sera plus demain, ce qui est mis à la merci des variations d'un monde dont le propre est de changer toujours. C'est donc Dieu, suprême béatitude, éternel repos de nos âmes, terme bienheureux qu'il nous faut atteindre sous peine d'une perte sans remède. Et si c'est la religion qui nous relie à Dieu, la religion qui nous assujettit à Dieu, la religion qui nous met et nous maintient dans la tendance vers Dieu, ne se présente-t-elle pas par le fait même et tout aussitôt

comme la première, la plus indispensable, la plus essentielle condition de la liberté ? En vain recourrez-vous à telle ou telle forme politique, à tel ou tel système économique, à telle ou telle organisation sociale. Tout cela sans doute ne sera pas à négliger, loin de moi pareille insinuation, mais en tout cas ne viendra que très secondairement, et n'aura de valeur qu'en fonction de ce qui est du ressort, et du ressort exclusif de la religion. Tout cela aussi ne fournira jamais que le cadre du dehors, tandis que tout dépend de l'ordre rétabli, non pas tant au dehors qu'au fond des consciences, au plus intime des cœurs et des volontés. J'entends cet immense gémisse-

Salle Clémentine au Vatican — Gardes Suisses

ment, expression de l'immense malaise des âmes, lequel va s'exaspérant chaque jour davantage. C'est le gémissement d'âmes asservies, qui, abusées par de faux simulacres de liberté, se sont donné les plus durs, les plus méchants, les plus barbares des maîtres : l'erreur, le vice, les mauvaises passions, les désirs déréglés. Ce qui faisait dire au prophète : *Domine Deus noster, possederunt nos domini absque te !* (1) Ah ! Seigneur notre Dieu, d'autres seigneurs que vous ont dominé sur nous ! Et ils ont dominé d'autant plus despotiquement qu'ils sont les tyrans de l'intérieur. Mais voici la religion, voici Jésus qui nous dit de sa douce voix, qui dit à ce pauvre peuple qu'on trompe : Venez à moi, vous tous qui ployez sous le faix, et je vous soulagerai. Prenez sur vous mon joug, et vous trouverez le repos de vos âmes. C'est que lui, il nous restitue à notre véritable et légitime maître. Lui, il nous rétablit dans la vérité qui délivre, il nous apprend à ne pas vouloir être libres autrement qu'il ne convient à des créatures, il nous affranchit en nous faisant placer notre trésor plus haut que tout ce qui peut être dérobé par les voleurs, ou entamé par la rouille et les vers. En un mot il remet l'ordre au dedans des cœurs, il y fait ce que je pourrais appeler le lit de la liberté, où la liberté peut suivre son cours normal et régulier, protégée de ça et de là contre tout écart. Et comment le fait-il ? En nous formant doucement et suavement par sa sainte grâce à ne vouloir, à ne désirer que ces trois choses. Premièrement, notre fin dernière qui est la glorification de Dieu et l'avènement de son règne dans la béatitude future : *sanctificetur nomen tuum, adveniat regnum tuum.* Ensuite, les moyens conduisant à cette bienheureuse fin, qui sont l'observance des com-

(1). — Isai. XXVI — 13.

Basilique de Saint-Laurent-hors-les-Murs   Cl. Boyer

mandements de Dieu en toute soumission à sa sainte volonté, et les subsides tant spirituels que temporels pour cela nécessaires : *fiat voluntas tua sicut in cœlo et in terra, panem nostrum quotidianum da nobis hodie*. Enfin, la suppression de l'obstacle qui se dresse entre nous et cette même fin, lequel obstacle est le péché : celui que nous avons commis dans le passé, et dont nous demandons d'être pardonnés, *et dimitte nobis debita nostra* : celui encore que nous pourrions commettre dans l'avenir et dont nous demandons d'être préservés, par la grâce de ne pas succomber à la tentation. Après quoi il ne reste plus que le *libera nos a malo* : l'appel à la liberté consommée, à la liberté éternelle, et sans mélange celle-là, lorsque pleinement libérés du mal qui nous asservit, qui nous opprime, qui nous rend esclaves, c'est-à-dire de tout ce qui tient au péché, à ses suites, à ses conséquences, à ses appâts, à ses stimulants, à ses suppôts, nous serons à tout jamais, par la plus heureuse des nécessités, fixés dans l'ordre et le bien absolu, de manière à n'en pouvoir plus sortir. Voilà pour la liberté que donne, et où conduit la religion !

On réclame aussi l'égalité, et cela encore ne se comprend que trop, si tant est que toute erreur n'est que le décalque, ou plutôt la corruption d'une idée juste et vraie. Il y a en effet, Messieurs, une très réelle et très véritable égalité, absolument rigoureuse celle-là, qui, si elle n'affleure pas toujours la conscience vive, est au moins dans la subconscience de tous les hommes : et c'est l'égalité du néant dont nous avons tous été tirés, du néant où laissés à nous-mêmes nous rentrerions incontinent, tous tant que nous sommes, du néant enfin qui représente exactement la valeur qu'un chacun a en propre, ce qui lui appartient sans qu'il l'ait reçu d'aucun autre, ce à quoi se réduit le montant de son apport. Et si maintenant à cette égalité-là qui nous est commune avec toutes les créatures, nous ajoutons la communauté d'une même nature, d'une même origine, d'une même race, d'une même famille, d'un même premier père, et d'une même demeure terrestre, ô ciel ! que d'appoints pour ce terrible problème social qui plus que jamais agite et tourmente le monde ! que de prétextes à ces questions auxquelles, si Dieu ne répond pas, non en vérité, rien ne répondra jamais assez. Pourquoi ces différences des conditions humaines ? Pourquoi des riches, pourquoi des pauvres ? Pourquoi des grands, pourquoi des petits ? Pourquoi les uns en bas et les autres en haut ? Pourquoi des heureux, pourquoi des prolétaires travaillant au soleil et à la pluie, et gagnant à peine de quoi ne pas mourir ? Et la Révolution est venue, elle a ouvert la plaie dans l'âme du peuple, elle l'a ulcéré contre l'injustice des inégalités sociales. Mais quoi ? La Révolution ne sait-elle pas assez, ne sait-elle pas trop bien quelle énorme chimère couvre ce mot d'égalité entendu au sens où elle le fait sonner, pour que de cette chimère elle ait prétendu faire le véritable but de ses efforts ? Y pensons-nous ! Non, entre elle et nous il y a bien autre chose que la question sociale prise en soi. Il y a la question religieuse, et à tout prendre, il n'y a que cela : affaire de rompre le *foedus societatis humanae* envisagé comme condition nécessaire à la marche vers nos éternelles destinées, à ce que S.-Paul appelle quelque part une vie paisible et tranquille en toute piété et honnêteté sous le regard de Dieu notre sauveur qui nous veut tous à lui. Le voilà le fond, et pour peu que l'on y regarde de près, le fond unique de la question. Ce qui fait aussi qu'il ne faudra pas se fier plus que de raison à ces solutions d'ordre purement économique qui pourront, je le veux bien, procurer dans de certaines limites une plus équitable répartition des biens d'ici-bas (chose assurément fort désirable), mais en toute hypothèse n'amèneront pas ce qui n'est que dans le paradis des rêves, et radicalement impuissantes qu'elles sont par elles-mêmes à apaiser des appétits toujours croissants à mesure qu'on cherche à les satisfaire davantage, n'auront jamais qu'une valeur essentiellement relative. Non, ici encore le siège du mal est dans les âmes, et c'est aux âmes surtout qu'il importe d'apporter le remède, et le remède sera la religion avec tout ce que donne la religion.

D'abord la religion relève nos regards vers Dieu notre créateur qui, voulant établir la société, y a voulu aussi divers degrés, diverses classes, diverses conditions, de même qu'il a mis divers membres dans le corps : « Le corps, nous dit S.-Paul, n'est pas un seul membre, mais plusieurs « membres. Si le pied dit, je ne suis pas du corps parce que je ne suis pas la main, est-il pour « cela retranché du corps? Si tout le corps était œil, où seraient l'ouïe et l'odorat ? Mais mainte- « nant Dieu a formé les membres, et les a mis chacun où il lui a plu... L'œil ne peut pas dire à « la main, je n'ai que faire de votre assistance ; ni la tête ne peut dire aux pieds, vous ne m'êtes « pas nécessaires. Mais au contraire, les membres qui paraissent les plus faibles sont ceux dont « on a le plus besoin. Et Dieu a ainsi accordé le corps, en suppléant par un membre ce qui « manque à l'autre, afin qu'il n'y ait point de dissension dans le corps, et que les membres aient « soin les uns des autres. » Voilà ce que dit S.-Paul, voilà le jour jeté par la religion sur les diffé- rences des conditions sociales. Que si ce n'est pas assez, la religion ira plus loin, et dans l'inégalité même des conditions elle rétablira toutes les légitimes conséquences de l'égalité du néant origi- nel. Comment cela ? En imposant à tous sans distinction une même règle d'humilité, une même loi d'entière dépendance du commun maître qui est Dieu, et ce qui s'ensuit naturellement, un même devoir de respect et de déférence, aussi bien au plus petit envers le plus grand, qu'au plus grand envers le plus petit, car, dit-elle, qui est-ce qui vous distingue ? Qu'avez-vous que vous ne l'ayez reçu ? Et si vous l'avez reçu, pourquoi vous enfleriez-vous contre votre frère comme si vous ne l'aviez pas reçu ? *Quid gloriaris quasi non acceperis ?* Et c'est trop peu encore, parce que trop incomplète, n'est-ce pas, serait la solution, si elle ne dépassait pas les limites de la vie présente. Mais qu'à cela ne tienne, car la religion nous dit aussi, elle nous dit surtout : *Praeterit figura hujus mundi.* La figure de ce monde passe. Et qu'est-ce à dire, la figure de ce monde ? C'est-à-dire que c'est comme une scène de théâtre sur laquelle paraissent divers figurants, divers acteurs, tous dans le fond de même position et de même rang, presque tous au service du même impresario : mais, avec des cos- tumes, avec des personnages, avec des rôles différents : rôle de patricien ou de plébéien, de grand

Basilique de Sainte-Marie-Majeure   Cl. Dureau

seigneur ou de prolétaire, d'humble ou d'illustre, de pauvre ou de riche : et tout cela, tant que dure la scène, tant que se déroule la pièce. Après quoi, le rideau une fois baissé, on distribuera les récompenses selon la façon dont chacun aura joué son rôle, quel qu'il ait été d'ailleurs, en toute soumission à l'adorable volonté de Dieu : et voici venir cette réorganisation que nous annonce l'évangile, cette régénération où il arrivera que les derniers seront les premiers, et les premiers les derniers, voici venir ce définitif de l'éternité succédant au provisoire de l'épreuve présente ! Quelle solution, Messieurs, à tous les problèmes que font naître les inégalités sociales du monde où nous passons notre vie d'un jour ! Mais c'est la religion qui la donne, la religion qui l'inculque, la religion qui seule la peut faire accepter et prévaloir. De même aussi qu'en dernier lieu, c'est encore et toujours à elle qu'il appartiendra de fonder sur terre cette troisième chose qui ne sera jamais qu'un vain mot, disons plutôt, un mensonge cruel dans la bouche de la Révolution, bien qu'elle y fasse porter toute l'emphase de ses promesses, j'ai dit la fraternité.

La fraternité ! O doux nom ! ô chose plus douce encore ! ô lien sacré ! lien d'amour qui nous enlève à l'isolement, qui nous fait trouver dans les autres, pour l'accomplissement de notre tâche terrestre, aide, secours et bienveillance, qui supprime toute envie, toute jalousie, toute haine, toute ironie amère, tout ce qui arme et divise un homme contre un autre homme ! O l'heureux paradis que celui à l'entrée duquel serait écrit ce beau mot de fraternité ! Oui, sans doute, à condition pourtant que la chose accompagnât le mot. Mais serait-ce ici le cas ? O Dieu, la religion mise de côté, quelle déception, quel leurre, et quelle tromperie ! Car la fraternité n'est pas cet instrument de guerre que la Révolution a forgé pour l'écrasement d'une classe par une autre classe. Ce n'est pas non plus cette solidarité qui confisque la liberté des petits et des faibles au profit d'une oligarchie d'agitateurs et de violents. Ce n'est pas davantage ce syndicalisme qui commence à se dresser comme un épouvantail sur la société entière, menaçant de tout emporter dans son aveugle omnipotence, semblable à ces raz de marée qui, sortis des couches profondes de l'océan, s'abattent sur les rivages pour y détruire arbres, récoltes, habitations, ouvrages de la nature et de l'industrie, et laisser ensuite le sol nu et désolé. Non, ce n'est rien de tout cela. Mais si nous voulons établir le règne de la fraternité, eh ! bien, allons nous-mêmes, conduisons les autres où nous mène la religion : au Sacré-Cœur de celui qui nous a appris à dire : notre père qui êtes aux cieux ; au pied de cette croix où il a répandu tout son sang pour assembler en une même famille les fils de Dieu dispersés, à ces saints mystères qui sont le prélude de la communion éternelle à l'éternelle béatitude de Dieu. En dehors de là on ne fondera pas le règne de la fraternité, et pour la bonne raison qu'en dehors de là ne se trouve plus que ce qui sépare et divise, ou tout au moins ne suffit pas pour unir : un ordre de choses où il y aura toujours, et nécessairement, et quoi qu'on fasse, collision d'intérêts et de besoins, où ce qui convient à l'un ne convient pas à l'autre, où ce qui est possédé par l'un ne peut être en même temps possédé par l'autre, où ce qui est le bien de l'un devient le mal de l'autre : richesse de celui-ci, pauvreté de son voisin : plaisir de celui-là, peine de celui qui le lui procure : gloire de cet autre, humiliation de son rival : telle est la misérable condition des biens d'ici-bas ! Plus haut donc, plus haut ! Voici la religion qui nous ouvre, elle, les portes d'une cité dont le bien est Dieu même, ce bien excellent, ce bien infini, ce bien au dessus de tout bien, pour l'amour de qui, dès cette vie, on aime les autres jusqu'au don et au sacrifice de soi, on les secourt, on les sert, on les considère vraiment comme des frères. Et tout cela, en attendant l'entrée en la cité future qui porte le beau nom de Jérusalem céleste : où l'union sera consommée dans l'embrassement de l'éternel amour, parce que le lien d'une parfaite et inviolable charité, naturelle et nécessaire conséquence de la commune vision de Dieu, fera de ses innombrables habitants un seul cœur, une seule âme : à ce point que chacun y sera heureux du bonheur de tous les autres, et que le dernier des élus trouvera dans l'excédent même de ceux qui lui seront supérieurs le complément de sa propre béatitude : ce que l'Écriture nous fait entrevoir sous le symbole d'une ville dont toutes les maisons se touchent, et communiquent entre elles, et se tiennent ensemble pour ne former qu'un tout compact, *Jerusalem quae aedificatur ut civitas, cujus participatio ejus in idipsum !* O l'heureuse fraternité que celle que nous assure, et où nous conduit la religion.

Voilà, Messieurs, résumés en deux mots les principes de solution aux maux de la société con-

temporaine que nous donne l'Église, et que le S. Père proclamait hautement, du jour où en s'as-
seyant sur le siège de S. Pierre, il prenait pour devise cette parole : *instaurare omnia in Christo.*.
Depuis, il n'a cessé de les rappeler, de les inculquer de toutes les manières possibles, et principalement par l'invitation pressante tant de fois réitérée de concentrer nos efforts sur l'action propremnt
religieuse, en nous unissant tous, à quelque parti ou école que nous appartenions d'ailleurs, sous
l'unique drapeau de la croix. Certes, il n'en fallait pas davantage, il n'en fallait pas tant, pour
qu'ils devinssent les principes arrêtés de la chère A. C. J. F. Et la voilà venant aujourd'hui, ai-je
lu au dernier numéro de ses Annales, dans le but « de fortifier en chacun de ses membres, avec
« l'amour ardent de la sainte Église et de son Chef, la soumission filiale et sans réserves à tous
« les enseignements et à toutes les directions du Siège apostolique ».

Messieurs, vous devrez emporter de votre pèlerinage la conscience d'y avoir vécu une des

Cl. abbé Guillaume
Grotte de N.-D. de Lourdes
dans les jardins du Vatican

heures mémorables de votre vie. Vous qui sur ce champ de bataille du monde où il n'y a véritablement, pour qui sait voir, que deux armées aux prises (deux seulement, entendez bien), d'une
part les portes, ou forces de l'enfer, de l'autre l'invincible Église contre laquelle rien ne doit prévaloir ; vous, dis-je, qui avez déjà pris vos positions, et voulez vous signaler au premier rang, vous
y aurez reçu directement et sans intermédiaire, de la bouche du chef suprême, l'ordre qui règle
l'action, le mot qui électrise le courage, et la bénédiction qui sera le gage de la victoire. Ceci
pourtant à la condition que vous aimiez vraiment N.-S.-J.-C., que vous l'aimiez ardemment, que
vous l'aimiez, selon le mot d'un de vos camarades que j'ai lu, non sans émotion, à la dernière
page du numéro des Annales, à la folie. Demandez cette grâce dans la communion que vous allez
faire, demandez-la par l'intercession de la Sainte Vierge Marie, votre mère, et du saint patron de
la jeunesse au tombeau duquel vous êtes réunis (1). Et moi de mon côté, en offrant le saint sacrifice, je la demanderai pour vous : O Seigneur Jésus, emparez-vous des âmes de ces jeunes gens,
unissez-les à vous par des liens que rien ne puisse plus rompre, et qu'entre vous et eux ce soit
à la vie et à la mort !

(1) Le tombeau de Saint Louis de Gonzague.

La Chapelle Sixtine au Vatican

REVUE DE LA PRESSE

La Presse Française

La presse, celle d'Italie aussi bien que celle de France, a suivi avec attention les différentes manifestations de notre pèlerinage à Rome. Des journaux de toutes nuances, non seulement parmi ceux appartenant à la presse catholique ou libérale, tels que *L'Echo de Paris*, *L'Eclair*, *La Libre Parole*, *La Croix*, *Le Gaulois*, *L'Autorité*, *L'Univers*, *Le Soleil*, *La Presse*, *La Patrie*, pour n'en citer que quelques-uns, mais même de ceux appartenant à la catégorie des indifférents, comme le *Journal* et le *Matin*, ont publié sur notre séjour à Rome des comptes-rendus parfois très complets, souvent aussi animés de la plus bienveillante sympathie.

La presse régionale ne s'est pas davantage montrée indifférente à notre égard : citons notamment, parmi les journaux de province qui ont bien voulu entretenir leurs lecteurs de notre pèlerinage, *Le Nouvelliste de Bretagne*, *La Chronique Picarde*, *La Chronique Angevine de la Croix*, *La Croix de Seine-et-Marne*, *Le Petit Éclaireur des Alpes et de Provence*, *Le Petit Démocrate*, de Limoges, *L'Effort*, organe officiel de l'Union Diocésaine des Œuvres Catholiques de Jeunesse de la Seine-Inférieure, *La Croix de St-Chamond*, *La Liberté Dauphinoise*, etc....

Cette revue de la presse serait incomplète si nous ne reproduisions ici quelques extraits de ces articles.

La *Croix*, — après avoir publié sous ce titre, « Les documents du voyage ad limina », les documents de notre pèlerinage, et avoir rapporté les paroles que Souriac adressait à Gerlier, à la Sala Pia : « Vous avez dit, mon cher ami, que cette médaille, c'est l'Asso-« ciation qui l'avait gagnée. Sans doute, comme tout ce qui est nôtre est vôtre, nous la « portons sur votre poitrine. Mais peut-être, dans ces quatre années, l'Association ne « l'eût-elle pas méritée, si elle ne vous avait pas eu pour chef », — ajoutait :

Le nouveau président de l'A. C. J. F. traduisait manifestement les sentiments de l'Association tout entière. Jointes à celles de M. Gerlier ses paroles ont exprimé à merveille l'admirable fusion des âmes qui caractérise de plus en plus la Jeunesse catholique de France, et qui s'est manifestée durant ce pèlerinage par une admirable combinaison de discipline, de cordialité discrète et chaleureuse à la fois, de piété, pour tout dire en un mot. Le Maître intérieur, que les délégués de l'A. C. J. F. à Rome ont reçu tous les jours, règne visiblement sur ces cœurs.

Les conclusions qui se dégagent de ces faits et de ces documents sont claires : tous les jeunes gens de la France catholique sauront les tirer.

La *Correspondance Hebdomadaire*, du Comité de défense religieuse, écrivait dès le 30 septembre 1913 :

Le matin, l'ancien président avait dit à Pie X : «Je le jure, nous serons toujours fidèles au Pape. — Il en sera demain comme aujourd'hui, » avait repris le nouveau président. Mettant alors la main sur la tête de M. Souriac, le Saint-Père avait déclaré : « Je le sais, je vous remercie et je vous bénis. » Quelle plus belle consécration pouvait recevoir le nouveau chef de cette Jeunesse ? Et, après ces marques d'affection et de confiance, quelle ardeur cette jeunesse ne doit-elle pas éprouver pour reprendre sa tâche de rénovation chrétienne ? L'enthousiasme qu'elle rapporte de Rome, fécondé par les bénédictions du Souverain Pontife, se traduira par un regain d'activité dont nous saluerons avec joie les heureux effets.

La *Chronique Picarde* du 2 octobre 1913 imprimait, sous le titre : « Félicitations à l'A. C. J. F. » :

Nous sommes heureux d'adresser nos cordiales félicitations à nos vieux amis de l'Association catholique de la Jeunesse Française. Les approbations et encouragements reçus au cours de leur voyage à Rome dépassent tout ce qu'ils pouvaient espérer et mettent à néant les critiques que certains publicistes catholiques avaient cru devoir leur adresser.

Nous reviendrons sur ces documents. Mais nous qui avons de tout temps, et dans nos colonnes et dans l'assemblée des Croix de province, affirmé que c'était de tous les groupements nationaux celui qui avait nos préférences, parce que seul il avait l'approbation du Pape, nous ne voulions pas attendre d'avoir plus de place et de loisir, pour nous associer à la joie des dirigeants de l'A. C. J. F.

La *Chronique Angevine de la Croix* a publié le 5 octobre cette « lettre ouverte à MM. les membres de la Jeunesse Catholique de l'ouest » :

Chers Messieurs,

Au moment où vous allez rentrer en Anjou, au retour de votre beau pèlerinage à Rome, voulez-vous permettre à l'un de vos amis inconnus de vous féliciter hautement des paroles élogieuses que le Saint-Père a adressées par écrit à votre vaillante association. Il me semble qu'un peu de votre gloire va retomber sur notre chère province angevine, et vos compatriotes en sont touchés et ravis.

Avec l'autorité suprême, Pie X déclare que vous suivez les directions pontificales, et, de ce fait, votre action devra être approuvée désormais par tous les catholiques respectueux et soumis.

En outre, le Pape vous assure de son admiration et de sa gratitude !

Je ne sais si jamais un groupement laïque reçut de pareilles félicitations !

Ah ! Messieurs ! un semblable éloge doit vous rendre fiers !

Les Apôtres donnaient leur sang pour un regard du Christ. Son Représentant vous félicite et vous remercie. Quel honneur ! Quel succès !

On voudrait avoir vingt ans pour suivre votre drapeau, et vous me laisserez vous crier du fond du cœur « bravo et merci ! » Bravo, car vous avez trouvé le vraie voie. Merci, car vous avez montré à tous les catholiques de France comment « mener le bon combat ».

Il n'est pas jusqu'aux adversaires qui ne se soient intéressés à cet événement intime de notre vie, et dans leur camp la palme — à tout seigneur, tout honneur — revient à

La Lanterne. Cette feuille sectaire, qui outrage à tout propos de la façon la plus gros-
sière les personnes les plus vénérables et les institutions les plus sacrées, s'est particulièrement signalée, dans le compte-rendu qu'elle a imprimé pour ses lecteurs de notre
audience dans la Cour Saint-Damase, par sa haine habituelle contre l'Eglise et tout ce
qui est catholique. La haine l'a aveuglée, au point de l'empêcher d'y voir clair. Le correspondant romain de *La Lanterne* a vu « les jeunes romains affranchis de tous préjugés
sectaires » assister « sur la place Saint-Pierre » à la sortie des « vaillants fils de l'Eglise,
qu'ils accueillirent aux cris de : « Vive Giordano Bruno ! » Qu'il nous suffise, pour faire
apprécier à sa juste valeur ce récit fantaisiste, de rappeler que nous n'avons pas quitté
le Vatican par la Place Saint-Pierre, mais par le Borgo Pio et qu'aucun d'entre nous n'a
entendu sur le long parcours qui sépare la Porte Sainte-Anne, par où nous sommes
sortis, de la Sala Pia, où avait lieu notre réunion, le fameux cri de « Vive Giordano
Bruno ». C'est ainsi que l'on écrit l'histoire dans certains milieux anticléricaux.

Cl. Boyer

Palais des Césars (Palatin)

La Presse Italienne

L'*Osservatore Romano* et le *Corriere d'Italia*, les deux grands journaux catholiques de Rome, ont retracé dans leurs colonnes, minute par minute, pour ainsi dire,
l'emploi de notre temps : notre arrivée à Rome, nos visites aux églises et aux principaux
monuments, nos messes du matin à Saint-Pierre, à Sainte-Cécile du Transtévère, à
Saint-Ignace, à Saint-Jean de Latran, notre audience solennelle dans la Cour Saint-
Damase, notre grande réunion à la Sala Pia. Ils l'ont fait en insistant sur « l'ordre le
plus parfait » dans lequel se sont déroulées nos cérémonies religieuses, sur la solennité
et l'éclat de nos chants, sur les exemples d' « édification vraiment admirable » que nous
avons donnés en assistant au Divin Sacrifice, en nous approchant de la Sainte Table,
sur « l'élan et l'enthousiasme... émouvants par dessus tout » avec lesquels nous avons

8

acclamé le Saint-Père, sur le caractère imposant de notre réunion à la Sala Pia et la cordialité qui n'a cessé d'y présider. L'*Osservatore Romano* a en outre publié en première page les documents de notre pèlerinage après les avoir faits précéder et en les faisant suivre de réflexions élogieuses pour l'Association, dont voici la traduction littéralement rapportée.

Un Article de l'Osservatore Romano

Nous avons déjà donné la semaine dernière d'abondantes indications sur le pèlerinage de l'Association Catholique de la Jeunesse Française, qui a été pendant plusieurs jours l'hôte sympathique et admiré de notre cité.

Nous avons parlé de la piété exemplaire de ses membres, de l'attitude vraiment édifiante avec laquelle ils ont visité nos Basiliques et se sont approchés tous les jours de la Sainte-Table, de la dévotion filiale et du juvénile enthousiasme avec lesquels ils se sont respectueusement prosternés aux pieds du Vicaire de Jésus-Christ.

Nous complétons à présent ces indications par la publication de quelques documents importants qui tendent à illustrer davantage leurs sentiments de respect et de dévotion pour l'auguste dignité du Souverain Pontife, ainsi que la paternelle bienveillance du Saint-Père à l'égard de la florissante Association.

. . . .

Telles sont les paroles très précieuses et hautement élogieuses que le Saint-Père s'est complu à adresser à cette très méritante Association, qui, en vingt-huit années d'existence, a déjà une si glorieuse histoire.

Fondée en effet en 1886, par le Comte Albert de Mun, elle s'est d'abord développée dans les Universités et les Collèges, puis s'est étendue rapidement à toute la jeunesse catholique de

Catacombes Saint-Sébastien — La Chapelle des Papes

France, dont elle représente la fédération vraiment nationale.

Son histoire se mêle à toute celle du mouvement catholique en France depuis vingt-huit ans. Parmi les événements les plus importants qui ont rempli cette histoire, il est utile de rappeler le pèlerinage de 1891 à Rome, à l'occasion des fêtes de Saint-Louis de Gonzague, les Congrès nationaux de Besançon (1898), Chalon (1903), Arras (1904), Albi (1905), Bordeaux (1907), Orléans (1909), Paris (1911), au cours duquel l'Association a fêté ses noces d'argent, Lyon (1912), et Caen (1913).

Les membres et les Comités de l'Association Catholique de la Jeunesse Française ont pris une part active à toutes les luttes religieuses qui ont eu lieu en France dans ces dernières années, et l'Association a concouru au mouvement d'organisation sociale, accompli par les catholiques français sous la direction de leurs Évêques.

L'Association compte actuellement cent vingt mille membres, répartis en 3000 groupes, formant 65 unions diocésaines (une dizaine d'autres sont en formation) et 10 unions régionales.

Le Bulletin officiel du Comité des Fêtes Constantiniennes à Rome, et la *Gioventù italica*, bulletin de l'Association de la Jeunesse catholique italienne, ont également rendu compte en détail de notre pèlerinage, et avec la plus aimable sympathie.

Les Revues

Les principales revues catholiques de Paris et de province, beaucoup de Semaines religieuses ont bien voulu publier dans leurs colonnes les documents que nous avons rapportés de Rome ; quelques-unes d'entre elles, même, ont tenu à dégager pour leurs lecteurs les leçons qui ressortent de l'accueil tout spécial fait par le Saint-Père et l'entourage pontifical à l'Association. Au premier rang de ces travaux, se place le remarquable article écrit par M. l'abbé Y. de la Brière dans les *Études*, et que nous reproduisons intégralement ci-après. Ce serait de notre part une ingratitude si nous ne mentionnions particulièrement parmi les autres revues qui se sont occupées de notre pèlerinage à Rome, les *Questions Actuelles*, *Rome*, *La Revue pratique d'Apologétique*, *Le Messager du Cœur de Jésus*, *La Montagne*, bulletin régional de Verzy (Marne), et l'*Écho de Marolles* (Aube).

La Prison Mamertine

Le Messager du Cœur de Jésus, après avoir rapporté les termes de la précieuse lettre autographe du Saint-Père, s'arrête à ces mots : « en signe d'admiration et de gratitude ! » et ajoute: « Osera-t-on dire après cela que la Jeunesse Catholique n'est pas dans la ligne voulue ou souhaitée par le Pape, et comment faudra-t-il que s'exprime le Souverain Pontife, si de si claires paroles ne sont pas comprises ? »

La Revue Pratique d'Apologétique écrit, dans son numéro du 1er décembre, sous la plume de M. l'abbé Jean Flory :

Oui, vraiment, les pèlerins de la Jeunesse Catholique ont eu beaucoup de motifs de rentrer en France dans l'enthousiasme et dans la joie. Ils ont consolé le cœur du Pape de bien des tristesses, ils ont édifié et ému, non seulement les Romains, mais aussi les fidèles de toutes nations accourus pour le jubilé constantinien, ils ont établi, une fois de plus, à la face du monde chrétien, que la France restait fidèle à sa vocation de fille aînée de l'Église, enfin ils ont prouvé, par les faits, que l'A. C. J. F. est bien dans notre pays la meilleure organisation d'apostolat pour les jeunes catholiques et l'instrument le plus sûr au service de l'Église et de la Patrie.

Voici l'article des *Études*, n° du 5 novembre 1913 :

Pie X et « La Jeunesse Catholique »

Le pèlerinage à Rome de l'*Association catholique de la Jeunesse française*, du 22 au 26 septembre dernier, constitue l'un des plus remarquables événements religieux de l'année du centenaire constantinien.

Au nombre de onze cents, nos jeunes compatriotes sont venus célébrer les fêtes du jubilé dans la Ville éternelle. Tous les échos de Rome attestent l'impression sympathique, profonde qu'a laissée leur passage. On a loué, par exemple, l'allure martiale et la tenue toujours parfaite de cette nombreuse jeunesse, l'ordre et la bonne organisation des exercices du pèlerinage, l'édification donnée par les jeunes pèlerins visitant les églises et les sanctuaires, le spectacle émouvant qu'offrirent les messes de communion générale à Saint-Pierre, à Sainte-Cécile du Transtévère, à Saint-Ignace, à Saint-Jean de Latran. C'est à Saint-Ignace que les pèlerins de la *Jeunesse Catholique* entendirent un magistral discours du cardinal Billot. Le pèlerinage tout entier fut admis en la présence du Souverain Pontife dans la cour Saint-Damase, au Vatican ; les aumôniers, les présidents et anciens présidents diocésains furent reçus par Pie X en audience semi-privée ; l'aumônier général et les deux présidents généraux, celui qui sortait de charge et celui qui entrait en fonctions, bénéficièrent d'une audience privée. Enfin, à la *sala Pia*, domaine pontifical, eut lieu, avec un éclat exceptionnel, la transmission des pouvoirs du président sortant, M. Pierre Gerlier, honoré par le Saint-Père de la médaille d'or *Bene merenti*, au nouveau président général de l'Association, M. Alexandre Souriac.

De ce pèlerinage à Rome, la *Jeunesse Catholique* rapporte les encouragements les plus augustes de tous. Sur une feuille timbrée à ses armes, Pie X daigna écrire de sa propre main qu'il accordait à « ses chers fils de la *Jeunesse Catholique Française* » la bénédiction apostolique « en signe *d'admiration et de gratitude* ». Il serait impertinent, croyons-nous, de prétendre souligner par le moindre commentaire la valeur d'un semblable témoignage.

Mais la formule de bénédiction constitue un document d'ordre intime et personnel. Le Souverain Pontife a voulu, en outre, que ses encouragements à la *Jeunesse Catholique* fussent consignés dans un document d'ordre public et officiel, dans une déclaration longuement et nettement motivée. C'est la Lettre écrite, le 24 septembre, au nom du Pape Pie X, par le cardinal Merry del Val, secrétaire d'État, en réponse à l'adresse qu'avaient présentée les membres du comité général de l'Association.

L'adresse elle-même avait été, d'abord, soumise officieusement au cardinal secrétaire d'État, qui avait répondu : « Je m'empresse de vous assurer que rien ne s'oppose à la présentation de votre adresse au Saint-Père, telle que vous l'avez préparée. Le texte que vous avez eu l'attention de nous soumettre nous satisfait complètement. » La Lettre publique du 24 septembre devait être la réalisation officielle de la promesse que le cardinal Merry del Val formulait ensuite avec une délicate sympathie : « A cette adresse, qui exprime en termes si clairs et si vibrants les sentiments, les principes et les intentions de votre très florissante et très méritante Association, le Souverain Pontife se propose de faire une réponse telle que vous la pouvez désirer, connaissant l'affection très grande dont Sa Sainteté est animée à votre égard. »

Le texte de la Lettre publique du 24 septembre, le texte même de l'adresse du comité général déterminent authentiquement l'orientation adoptée par la *Jeunesse Catholique* et la signification des éloges et des encouragements que le Souverain Pontife lui décerne avec un paternel amour.

Le cardinal Merry del Val caractérise, d'abord, par un jugement d'ensemble, d'une singulière netteté, l'esprit, l'attitude, le rôle de l'Association : « Aujourd'hui, devant la fécondité de votre action et le chevaleresque entrain qui la distingue, le Souverain Pontife salue votre Association comme *une grande espérance pour l'Église et pour votre patrie*. Il vous félicite de marcher intrépidement en avant, fidèles à votre programme qui est de travailler à la régénération de la société chrétienne par la piété, par l'étude, par l'action. »

Les œuvres que la Jeunesse Catholique a entreprises, continue le cardinal, « seront à la fois des *réponses* et des *remèdes* : des *réponses* à l'erreur et à la passion antireligieuse, des *remèdes* au mal qui envahit de toutes parts ».

Dans l'ordre de la piété, les membres de la *Jeunesse Catholique* sont félicités, au nom du Pape, de leur zèle à l'égard de la sainte Eucharistie. L'adresse du comité général attestait, en effet, que, « d'un élan unanime », ils avaient « récemment institué la communion perpétuelle au sein de leurs Unions » et que « cet accroissement précieux de la vie eucharistique » avait procuré des « bienfaits immenses à chacun d'entre eux et à l'Association tout entière ». Les jeunes gens sont pareillement félicités de leurs œuvres multiples d'apostolat catholique : apostolat qui est réellement, pour beaucoup, « un apostolat voisin du sacerdoce ». Le Pape adresse enfin un éloge tout spécial aux membres de la *Jeunesse Catholique* « qui, pour faire à Dieu et à l'Église un sacrifice plus complet d'eux-mêmes, prennent place dans les rangs du clergé, entrent dans les Ordres religieux, où s'enrôlent dans les phalanges de nos vaillants missionnaires ».

Aux préoccupations de la piété chrétienne s'ajoutent les préoccupations concernant la doctrine et concernant l'action extérieure.

L'action extérieure de l'Association aura pour objet la défense et la propagande religieuses, ainsi que les œuvres charitables ou sociales recommandées positivement par la direction de l'Église. Mais l'Association, comme l'Église elle-même, s'abstiendra d'intervenir dans les conflits d'ordre purement politique, d'imposer à ses adhérents aucune étiquette constitutionnelle ou anti-constitutionnelle. Son unique terrain, accessible à tous, est le *terrain religieux*. L'adresse du comité général avait déclaré que l'Association est « catholique exclusivement, parce qu'elle entend rester étrangère à toutes les discussions et à toutes les luttes de la politique de parti ». La Lettre du cardinal secrétaire d'État encourage catégoriquement cette méthode : « Unis dans les efforts qui vous rassemblent sous les plis de l'étendard de la Croix, vous ne voulez avoir qu'un seul cœur et qu'une seule âme. Agissez dans une foi vigoureuse et éclatante, sans mêler à votre travail de restauration chrétienne des préoccupations étrangères à votre apostolat chrétien. Marchez avec courage sous votre auguste bannière, en poussant le cri unanime de vos ancêtres : Dieu le veut ! Dieu le veut ! »

Sur le *terrain religieux*, quelle carrière magnifique s'ouvre à l'activité extérieure et collective des groupes de l'Association ! Aucun de nos lecteurs n'ignore la brillante campagne menée par la *Jeunesse Catholique*, surtout depuis le Congrès de Caen, pour combattre les iniquités de notre régime scolaire et pour revendiquer la participation des écoles catholiques aux ressources du budget. Le cardinal Merry del Val recommande précisément la lutte contre la législation antireligieuse et, en particulier, la lutte scolaire : « Vous lutterez efficacement contre les sacrilèges entreprises qui tendent de plus en plus à substituer les droits de l'homme aux droits de Dieu, à violer notamment le droit sacré qui donne pour base à l'enseignement à tous les degrés les préceptes de la religion. »

Cette affirmation du droit de Dieu et de la vérité, placée à la base des revendications scolaires, concorde avec une autre recommandation doctrinale de la Lettre du cardinal secrétaire d'État : « Vous lutterez contre le souffle perfide du libéralisme qui insinue le mensonge sous mille formes variées. » L'adresse du comité général au Souverain Pontife s'inspirait déjà des mêmes traditions, des mêmes principes, et réprouvait nettement les « pernicieuses conséquences du libéralisme ».

Plusieurs s'étonneront de l'insistance volontaire qu'apporte le Saint-Siège à dénoncer le libéralisme et de l'empressement que manifeste la *Jeunesse Catholique* à combattre, aujourd'hui encore, les erreurs libérales. D'aucuns même, sachant que l'accusation de libéralisme est lancée parfois d'une manière incompétente, exagérée, injuste, regarderont peut-être comme malencontreuse la réprobation énergique, officielle, réitérée de cette doctrine ; ils craindront de voir se rallumer avec toute sa violence, toute son amertume, tous ses malentendus la controverse irritante qui, voilà cinquante et soixante ans, mettait aux prises Louis Veuillot et Montalembert. Mais tout catholique familiarisé quelque peu avec le droit public de l'Église, avec les enseignements authentiques du Magistère, connaît et comprend l'importance très actuelle de la question du libéralisme. Le problème ne doit être abordé qu'avec délicatesse et mesure, avec discernement et charité, mais il doit être abordé sans équivoque dans l'étude doctrinale de chacune des questions contemporaines touchant à la politique religieuse, aux rapports de l'Église et de l'État.

Pourquoi donc ramener ce sujet avec pareille insistance ? — C'est que, dans la société moderne, issue de la Révolution, beaucoup d'entre les conceptions et les formules courantes du droit public contiennent, supposent ou suggèrent une fausse notion philosophique de l'ordre social, un ensemble de principes erronés que tout catholique instruit doit savoir corriger et rectifier pour demeurer d'accord avec la vraie doctrine de l'Église. Par exemple : le principe de la *sécularisation* de la société, le principe de la *neutralité*, de la *laïcité* de l'État ; le principe en vertu duquel l'État, loin d'avoir aucune obligation spéciale envers la vraie religion, devrait s'abstenir de professer aucun culte et garantir simplement la liberté religieuse des particuliers : le principe en vertu duquel la religion serait une chose d'ordre purement individuel ou privé, qui ne devrait tenir aucune place officielle dans les lois et les institutions publiques ; le principe en vertu duquel une même liberté légale devrait être reconnue à l'erreur et à la vérité, à la propagande des idées justes et des idées fausses, par l'école, par la presse, par le théâtre, sous la seule réserve de la tranquillité publique ; le principe en vertu duquel la loi serait purement et simplement l'expression de la volonté générale et en vertu duquel, pareillement, le pouvoir politique ne serait que le commis, le délégué constamment révocable de la multitude... autant de principes qui ont manifestement une importance considérable dans le droit public de la cité moderne. Presque partout, des lois et des institutions plus ou moins pénétrées, imprégnées de ces mêmes principes s'imposent à tout le monde avec la brutalité d'un fait inéluctable. Bien plus, quand les jacobins veulent arracher aux catholiques la liberté du culte, la liberté d'association, la liberté d'enseignement, la liberté de la presse, les catholiques réclament à juste titre leur quote-part de la liberté commune, ils adjurent la cité moderne de ne pas refuser à la vérité le même droit légal qu'à l'erreur. Enfin, quand les catholiques sont les plus forts et deviennent maîtres du pouvoir, ils savent que le respect loyal de mainte liberté dont ils ont eux-mêmes à souffrir leur est imposé par la foi des traités comme par la nécessité morale de la paix publique dans une société divisée de croyances religieuses.

Mais, en pareil état de cause, pourra-t-on contester que les catholiques, si l'Église ne prend soin de les prémunir constamment contre l'erreur, seront amenés *tout naturellement et presque inévitablement* à regarder comme normal, légitime tout un ensemble de principes de droit public qu'ils voient en vigueur dans chaque pays et dont, souvent, nous nous réclamons pour la défense même de la religion contre ses persécuteurs ? Aujourd'hui comme au temps de Montalembert, et plus encore qu'au temps de Montalembert, à cause de la Séparation de l'Église et de l'État, la *tentation existe constante, permanente*, pour les catholiques, de considérer comme conformes à la justice et au droit les principes de la cité moderne : sécularisation de la société, neutralité ou laïcité de l'État, liberté commune et identique reconnue à l'erreur et à la vérité, souveraineté absolue de la volonté générale. Or, cette conception doctrinale du droit public est précisément ce qu'on

Cl. Prévost

Ruines de Sainte-Françoise-Romaine au Forum

nomme le *libéralisme*. Associer pareille conception doctrinale aux croyances religieuses du catholicisme n'est autre chose que professer le *libéralisme catholique*. Il est donc d'une opportunité très actuelle et d'une très haute importance de mettre en garde les croyants contre les illusions ou les séductions du libéralisme catholique, en leur montrant la malfaisance des *faux dogmes* de la Révolution, en leur inculquant les vrais principes du droit naturel, les vraies doctrines du droit public de l'Église.

Tel est le motif pour lequel une œuvre de formation religieuse, intellectuelle et morale, une institution vouée à la piété, à l'étude, à l'action, comme l'*Association catholique de la Jeunesse française*, prend pour tâche, selon la recommandation positive du Saint-Siège, de prémunir ses membres contre les erreurs libérales et de réagir au dehors contre le libéralisme catholique.

Cette réaction salutaire contre le libéralisme n'existe pas seulement dans le texte des adresses présentées officiellement au Souverain Pontife. Elle existe dans les faits, dans les travaux intimes et dans les démonstrations publiques de l'Association.

Lorsque, par exemple, la *Jeunesse Catholique* mit à l'ordre du jour de tous ses groupes, en vue du Congrès national qui allait se tenir à Caen, le problème de la *répartition proportionnelle scolaire*, la tentation de libéralisme était à craindre. On pouvait facilement professer que la puissance publique avait les mêmes devoirs envers toutes les croyances et toutes les incroyances, que les écoles confessionnelles et non confessionnelles avaient un droit égal à jouir de la protection des lois et à se partager les ressources budgétaires. N'était-ce pas là le principe normal d'une répartition « pro-

Le miracle de la multiplication des Pains
Peinture des catacombes Saint-Calixte

portionnelle » entre les écoles de toute dénomination ? — Or, le questionnaire envoyé par le comité général réclamait, avant tout le reste, l'étude et l'affirmation précise de la doctrine catholique en matière d'enseignement. Dans leurs réponses à l'Enquête préparatoire au Congrès national, un grand nombre de groupes de la *Jeunesse Catholique* proclamèrent, d'abord, la thèse du droit supérieur et imprescriptible qui n'appartient qu'à la vérité. Ce droit était présenté, antécédemment à tout examen des questions d'opportunité politique, comme le titre fondamental qui motive et justifie nos revendications scolaires. Au Congrès de Caen, tous les orateurs du 18 avril dernier affirmèrent très haut cette même doctrine catholique. Leurs déclarations ne furent pourtant pas plus péremptoires et plus formelles que les réponses excellentes, décisives, adressées à l'Enquête du comité général par de nombreux groupes de jeunes gens, notamment par un certain groupe rural vendéen. Celui qui écrit ces lignes peut témoigner, comme il le fit déjà dans les *Études* du 5 mai, de la longue tempête de bravos qui accueillit la lecture publique de cette réponse « antilibérale » en séance du Congrès.

La *Jeunesse Catholique* avait donc le droit de déclarer au Saint-Père qu'elle réprouve « les pernicieuses conséquences du libéralisme ». Elle avait le droit de déclarer également que c'est de tout cœur qu'elle suivrait les instructions pontificales contenues dans la Lettre du 24 septembre, recommandant l'affirmation claire et loyale des principes catholiques, et ajoutant : « Vous lutterez contre le souffle perfide du libéralisme, qui insinue le mensonge sous mille formes variées. »

Une autre recommandation de la Lettre du cardinal Merry del Val doit être encore mentionnée : « Vous lutterez contre les décevantes utopies sociales. »

Quelles sont les *utopies sociales* que le cardinal d'État réprouve au nom du Souverain Pontife ? La liste n'en paraît pas difficile à dresser. D'abord, les doctrines libérales, révolutionnaires et socialistes condamnées par Léon XIII dans les encycliques *Rerum novarum* et *Graves de communi*, par Pie X dans le *Motu proprio* sur l'Action populaire chrétienne. Ensuite, les outrances démocratiques, les erreurs égalitaires, « autonomistes » condamnées par Pie X dans l'encyclique sur le *Sillon* et, pareillement, les principes d'interconfessionnalisme condamnés dans l'encyclique *Singulari quadam*. Enfin, certaines tendances blâmées par plusieurs actes récents du Saint-Siège : tendances consistant à exagérer les droits de l'organisation syndicale, et, en particulier, à reconnaître au syndicat un droit de contrainte sur les non-syndiqués.

La *Jeunesse Catholique* a toujours eu pour règle, franchement, allègrement suivie, de conformer son action sociale aux enseignements doctrinaux et aux directions pratiques du Saint-Siège. Règle bienfaisante autant que nécessaire dans des questions complexes, délicates, litigieuses, où quelques tâtonnements sont inévitables pour quiconque veut et ose agir. L'adresse du comité général exprimait l'attitude et les sentiments de l'Association en des termes qui expliquent l'impression heureuse du cardinal secrétaire d'État : « Le texte que vous avez eu l'attention de nous soumettre nous satisfait complètement. » Voici donc le passage relatif aux œuvres sociales : « En même temps que, de tout notre cœur, nous travaillons à restaurer le sens chrétien dans les âmes, que nous secondons dans toute la mesure de nos forces le consolant réveil de la foi provoqué par le zèle de nos pasteurs, nous avons le désir ardent de faire mieux pénétrer dans l'organisation de la société la bienfaisante et nécessaire influence des principes chrétiens. C'est encore dans l'enseignement des encycliques et dans les directions du Siège apostolique que nous cherchons, Très Saint Père, les règles qui doivent guider notre action sociale : qu'il s'agisse de sauvegarder la famille, de promouvoir les associations professionnelles et les institutions économiques, ou de garantir, par la protection efficace des droits de la propriété et de ceux du travail, cet harmonieux équilibre de la charité et de la justice que cherchent vainement dans les ténèbres ceux qui n'en demandent point le fondement à la doctrine traditionnelle de l'Église. » Avec de pareils principes et de pareilles méthodes, on est armé, selon la recommandation du Souverain Pontife, contre « les décevantes utopies sociales ».

Depuis le pèlerinage fameux de 1891, marqué par les scènes presque tragiques qui suivirent *l'incident du Panthéon*, chacun des pèlerinages à Rome de la *Jeunesse Catholique* demeura, dans l'histoire de l'Association et de ses développements, comme une date mémorable. Néanmoins, plus mémorable encore que toutes les autres demeurera la date du jubilé constantinien, la date du pèlerinage de 1913 où la *Jeunesse Catholique* obtint de la bienveillance de Pie X un témoignage *d'admiration et de gratitude*, et mérita d'être saluée, dans un document officiel du Saint-Siège, la Lettre du 24 septembre, comme *une grande espérance pour l'Église et pour notre patrie.*

L'Association a été très touchée de tous les témoignages de sympathie dont elle a été l'objet à l'occasion du pèlerinage à Rome. Elle a déjà adressé dans la *Vie Nouvelle*, à tous ceux qui ont bien voulu lui prodiguer ces précieux témoignages, ses plus vifs remerciements : qu'ils veuillent bien trouver à nouveau ici la sincère expression de sa reconnaissance.

Cl. Maurisset

CONCLUSION

Une fois encore, nous voulons élever ici notre fervente action de grâces vers le Dieu de bonté, auteur de tous les bienfaits recueillis par l'Association au cours du pèlerinage dont on vient de lire l'émouvant récit.

Nous voulons aussi que de nouveau les sentiments de gratitude filiale et profonde interprétés dès notre retour de Rome par nos organes les *Annales* et la *Vie Nouvelle* y trouvent leur respectueuse expression envers le Souverain Pontife, Père toujours plus aimé, Chef et Docteur plus que jamais assuré de notre fidélité et de notre soumission entières ; envers les Eminentissimes Cardinaux, dont l'accueil et les exhortations ont été pour nous tous d'un si réconfortant encouragement et d'un si précieux enseignement ; envers les Evêques de France, dont la bénédiction, témoignage de paternelle confiance à notre endroit, appela si largement sur nous celle du Pape, comme envers nos Aumôniers, qui par leurs soins incessants ont vigilamment gardé notre action de tout démérite ; envers les Prélats, les Religieux, les Prêtres, qui, à Rome, nous accueillirent avec une bienveillance dont nous gardons à notre double titre de catholiques et de français le plus cher souvenir.

A ce même titre, notre reconnaissance affectueusement amicale va vers nos amis de la *Jeunesse catholique italienne* ; respectueuse, cordiale, toujours vive, elle va également vers ceux qui ont aidé pour une part des plus importantes à la complète réussite de notre pèlerinage : les uns par leur contribution à une organisation matérielle impeccable parce que leur cœur y avait directement participé ; les autres par la large place qu'ils ont généreusement donnée dans la presse au récit de nos manifestations.

Ce devoir rempli, il nous en reste un autre à accomplir, plus austère sans doute, mais que nous aborderons le cœur plein de joie et d'espoir : devoir de tirer de tant de grâces, de bénédictions et de faveurs toutes les conséquences que sont en droit d'en attendre ceux qui nous les prodiguèrent.

Une foi inébranlable en l'avenir de l'Association doit nous soutenir : confirmée par l' « admiration » et la « gratitude » du Saint-Père, saluée par Lui comme une « grande espérance pour l'Eglise et pour la Patrie », une œuvre est assurée de la vie et de la fécondité de son action, si ses membres veulent demeurer fidèles à l'esprit qui l'a fait grandir et lui a conservé la rectitude reconnue en elle.

Cette fidélité à notre esprit, à notre *ligne*, nous la voulons en effet garder d'une volonté énergique, que ne plieront jamais les hostilités de nos adversaires pas plus que les sophismes perfides de l'esprit d'insoumission.

Elle requiert l'attachement à trois vertus indispensables : esprit surnaturel, discipline absolue à l'égard de l'Eglise hiérarchique, union complète en un seul corps et en une seule âme, telle a été la ligne de l'Association depuis sa fondation, telle elle a été approuvée, telle elle demeurera donc, au prix, s'il le faut, de tous les sacrifices.

La piété — principalement cette communion perpétuelle, objet de la « bénédiction spéciale » du Saint-Père, moyen de nous « maintenir à la hauteur de nos nobles ambitions » — nous donnera la force de consentir ces sacrifices en même temps que, secondée par l'étude, elle nous fera mieux comprendre et goûter la nécessité, la grandeur, la beauté et la douceur pour l'âme de ces trois vertus fondamentales de notre apostolat.

Inspiré par elles, celui-ci sera véritablement catholique avant tout et en toutes choses ; sous quelque forme, sociale ou civique, qu'il s'exerce en surcroît de l'apostolat religieux proprement dit, d'une nécessité primordiale, il ne cessera de viser à la rechristianisation des institutions aussi bien que des individus ; il opposera, par sa charité et son zèle, une « réponse » aux calomniateurs de l'Eglise, et, par sa recherche exclusive et désintéressée du bien, un « remède au mal qui envahit de toutes parts ».

Que les Saints de Rome, vénérés par nous aux pieds de leurs autels, sur les lieux où reposent leurs corps, où ils prièrent, où ils souffrirent, où ils conquirent tant d'autres âmes à la Vérité, nous assistent de leur protection puissante, pour qu'avec des mérites moindres, nous demeurions quand même dignes de continuer l'œuvre par laquelle ils conduisirent la société païenne à Jésus-Christ.

LE COMITÉ GÉNÉRAL DE L'A. C. J. F.

TABLE DES MATIÈRES

Pages.

Lettre autographe de S. S. Pie X *(hors texte)*

Adresse de l'A. C. J. F. présentée par Gerlier au Saint-Père 3
Réponse faite par S. E. le Cardinal Merry del Val au nom du Saint-Père 5
Pierre Gerlier reçoit la Médaille « Bene Merenti » 7
Bénédictions de l'Épiscopat 10

Le Voyage. — Notes d'un Pèlerin du Train A 28
    Vers Rome 28
    Le Retour 36

Aux Pieds du Souverain Pontife 41
    L'Audience solennelle de la Cour Saint-Damase 41
    Les Audiences privées 45
    Réception de S. E. le Cardinal Merry del Val 47

Les Cérémonies religieuses. — Les Messes à Saint-Pierre, à Sainte-Cécile, à Saint-Ignace,
    au Latran. Le Salut à Saint-Louis-des-Français 49

Les Réunions d'A. C. J. F. 55
    A Sainte-Marthe : Le Punch-Meeting 55
    A la Salle Pie : La Transmission des Pouvoirs 60
    Les Rencontres avec la Jeunesse Catholique Italienne 68

A travers Rome 70

Au milieu des Pèlerins 79
Impressions d'un Ancien. — Robert de Roquefeuil 85
Après la Transmission des Pouvoirs. — Pierre Gerlier, Alexandre Souriac 88

Discours de S. E. le Cardinal Vannutelli 90
   — de Mgr Odelin 92
   — de S. E. le Cardinal Billot 95

Revue de la Presse 103

Conclusion. — Le Comité Général 113

TABLE DES GRAVURES

Pages

Sa Sainteté le Pape Pie X *(hors texte)*

Son Eminence le Cardinal Merry del Val 5
Médaille « Bene Merenti » et diplôme .... 7 et 8
Basilique Saint-Pierre. — La Confession de Saint-Pierre 9
Les Pèlerins devant Saint-Pierre 27
Au sommet de la Tour du Palazzo Vecchio (Florence) 28
Le lac de Thoune à Spiez 29
Sur la ligne du Lœtschberg — La Vallée du Rhône 30
Baveno sur le lac Majeur 31
Les îles Borromées 31
Milan. — Le Dôme et la place Victor-Emmanuel 32
Venise. — Saint-Marc et le Palais des Doges 32
    La place Saint-Marc 33
    Pèlerins donnant du maïs aux pigeons 33
    Le Pont des Soupirs 33
    Le Palais des Doges, la Piazzetta et le Port 33
    Dans la lagune, vers le Lido 34
    Le Grand Canal 34
Florence. — Vue générale prise de la Promenade de Michel-Ange 35
    Le Palazzo Vecchio 36
    Le Ponte Vecchio 36
Dans le train B. — Le Secrétaire du pèlerinage 37
Sous le hall de la Gare de Gênes. — Déjeuner des pèlerins du train B 38
Le train B dans une gare suisse 39
Dôme de Saint-Pierre 40
S. S. Pie X au balcon de la Cour Saint-Damase 41
Les pèlerins acclament le Saint-Père qui vient de paraître au balcon 43
Le Palais du Vatican vu du Dôme de Saint-Pierre. La Cour Saint-Damase 44
Le Palais du Vatican 47
Le Bon Pasteur : Peinture des Catacombes 49
Dans les jardins du Vatican 50
Tombeau de Sainte-Cécile 52
Basilique Saint-Jean-de-Latran 53
Les pèlerins vont vénérer la Table de la Cène 53
Le Cloître de Saint-Jean-de-Latran 53
Saint-Louis-des-Français 54
L'histoire de Jonas : Peinture des Catacombes 55
Maurice de Gailhard-Bancel, vice-président de l'A. C. J. F 57
Henri Jarry, vice-président de l'A. C. J. F 57

Pages.

Pierre Gerlier portant la Médaille « Bene Merenti » 59
Après la Réunion tenue par les Orléanais 59
M. l'Abbé Corbillé, aumônier général de l'A. C. J. F. 62
S. Exc. Mgr Ranuzzi di Bianchi, Maître de Chambre de Sa Sainteté 63
Pierre Gerlier, président d'honneur de l'A. C. J. F. 64
Alexandre Souriac, président général de l'A. C. J. F. 65
Commandeur Paul Pericoli, président de la G. C. I. 68
La Fontaine de Trévi 69
Les compagnons de toutes nos sorties 70
Devant Sainte-Marthe. — Départ des voitures pour les promenades 70
Sur la terrasse de Saint-Pierre-in-Montorio 71
Arc de Constantin 71
Les pèlerins autour du Colisée 71
Les ruines du Palatin 72
Palais de Caligula au Palatin 72
Intérieur du Colisée 72
Sous l'Arc de Septime-Sévère au Forum 73
Sur le Forum — La Fontaine des Vestales 73
Au Forum. (2 gravures) 74
Forum. — Allée des Vestales, Basilique de Constantin 74
Basilique de Saint-Paul-hors-les-Murs 75
Basilique de Saint-Laurent-hors-les-Murs 75
Panorama sur les Musées et les Jardins du Vatican. 75
Achat et dégustation d'un melon par le compartiment 74 du train B (2 gravures) 76
Luxueuse devanture de boucherie sur la Voie Appienne 76
Le Tibre au pied du Château Saint-Ange 77
Dans la Cour Saint-Damase, en attendant la venue du Saint-Père 78
Au Colisée. D'Esclaibes, Gerlier, Souriac 79
Les pèlerins de Pio-Americano autour de S. E. le cardinal Billot 82
Le Temple dit de Vesta 84
Robert de Roquefeuil, fondateur de l'A. C. J. F. 85
Son Eminence le Cardinal V. Vannutelli. 90
Monument de Léon XIII à Saint-Jean-de-Latran 91
La Chaire de Saint-Pierre 91
Mgr Odelin, Vicaire Général de Paris 92
Basilique de Sainte-Cécile 93
Crypte de Sainte-Cécile — Autel dédié à la Sainte. 94
Son Eminence le Cardinal Billot. 95
Salle Clémentine au Vatican. Gardes suisses 97
Basilique de Saint-Laurent-hors-les-Murs 98
Basilique de Sainte-Marie-Majeure 99
Grotte de N.-D. de Lourdes dans les jardins du Vatican 101
La Chapelle Sixtine au Vatican 102
Peinture des Catacombes Saint-Calixte 103
Palais des Césars (Palatin) 105
Catacombes Saint-Sébastien — La Chapelle des Papes 106
La Prison Mamertine 107
Ruines de Sainte-Françoise-Romaine au Forum 110
Le Miracle de la Multiplication des Pains : Peinture des Catacombes Saint-Calixte ... 111
Coin de paysage romain 112

IMP. F. LEROY — SAINT-GERMAIN-LEZ-CORBEIL

Corbeil. Imp. F. LE[...